Gotthard Schneck

Rechtskunde Heilerziehungspflege

Ein Lehrbuch

LAMBERTUS

Gotthard Schneck

Rechtskunde Heilerziehungspflege

Ein Lehrbuch

LAMBERTUS

Die Deutsche Bibliothek – CIP-Einheitsaufnahme
Ein Titeldatensatz für diese Publikation ist bei
der Deutschen Bibliothek erhältlich.

6., aktualisierte und überarbeitete Auflage 2009
© 2009, Lambertus-Verlag, Freiburg im Breisgau
Umschlaggestaltung: Ursi Aeschbacher, Biel-Bienne
Herstellung: Druckerei Franz X. Stückle, Ettenheim
ISBN 978 - 3 - 7841 - 1912 - 0

Inhalt

Einleitung

Die zunehmende Verrechtlichung fast aller Lebensbereiche bringt es mit sich, dass auch die professionelle Tätigkeit im sozialen Bereich mit erhöhten Anforderungen an die erwarteten Rechtskenntnisse verbunden ist. Die künftigen Heilerziehungspfleger und -helfer sollen deshalb im Rahmen ihrer Ausbildung mit den für ihr Arbeitsgebiet wichtigen Fragestellungen und deren Lösung vertraut gemacht werden, um ihre eigene rechtliche Stellung zu kennen und ihre Klienten sachgemäß betreuen zu können.

Das vorliegende Buch will, unter Berücksichtigung der zur Verfügung stehenden Unterrichtsstunden, die von den Lehrplänen vorgegebenen Inhalte mit einer klaren Strukturierung darlegen. Besonderer Wert wird auf die für die Studierenden wichtige Rechtsanwendung gelegt; deshalb sind in die einzelnen Rechtsbereiche Falldarstellungen mit Lösungsskizzen eingearbeitet. Darüber hinaus können die Studierenden anhand der zu jedem Bereich angefügten Übungsfragen den Stand ihrer Kenntnisse überprüfen.

Das Fach „Rechtskunde" steht in engem Zusammenhang mit dem Fach „Berufskunde"; beide Bereiche sollen im Unterricht aufeinander abgestimmt werden, den Studierenden sollen die „Querverbindungen" aufgezeigt werden. Arbeitsrechtliche Fragen sind nach den Lehrplänen dem berufskundlichen Bereich zugeordnet; hierzu wird auf Lehrbuch zur Berufskunde von Theodor Thesing (Heilerziehungspflege. Ein Lehrbuch zur Berufskunde, Freiburg, 7. Auflage 2006) verwiesen. Bei den angesprochenen Personengruppen sind stets Frauen und Männer gemeint, auch wenn von den gesetzlichen Formulierungen her und aus Vereinfachungsgründen die männliche Form in den Text aufgenommen wurde.

Ich danke Herrn Stefan Gentz für die wertvolle Mithilfe bei der elektronischen Texterfassung und Herrn Assessor Friedemann Senge für die sachkundigen Anregungen.

Vorwort zur 6. Auflage

Die 6. Auflage bringt das Lehrbuch auf den aktuellen Rechtsstand. Insbesondere ist zwischenzeitlich die auch für den Bereich der Heilerziehungspflege sehr wichtige Behindertenkonvention der Vereinten Nationen für die Bundesrepublik Deutschland in Kraft gesetzt worden. Im Rahmen der Föderalismusreform wurde die Gesetzgebungskompetenz für das Heimrecht mit Ausnahme des Heimvertragsrechts auf die Bundesländer übertragen.

Das Gesetz über das Verfahren in Familiensachen und in den Angelegenheiten der freiwilligen Gerichtsbarkeit löst zum 1. September 2009 das Gesetz über die Angelegenheiten der freiwilligen Gerichtsbarkeit ab.

Auch das Rechtsberatungsgesetz ist zwischenzeitlich durch das Rechtsdienstleistungsgesetz ersetzt worden.

In das Lehrbuch neu aufgenommen wurden die für die pädagogische Arbeit wichtigen Grundsätze des Jugendschutzgesetzes.

Abkürzungen

Art.	Artikel
BDSG	Bundesdatenschutzgesetz
BGB	Bürgerliches Gesetzbuch
BGBl	Bundesgesetzblatt
BTBG	Betreuungsbehördengesetz
BVerfGG	Bundesverfassungsgerichtsgesetz
BVG	Bundesversorgungsgesetz
FamG	Gesetz über das Verfahren in Familiensachen und in den Angelegenheiten der freiwilligen Gerichtsbarkeit
GG	Grundgesetz
JGG	Jugendgerichtsgesetz
JuSchG	Jugendschutzgesetz
KindRG	Kindschaftsrechtsreformgesetz
RDG	Rechtsdienstleistungsgesetz
SGB I	Sozialgesetzbuch – Allgemeiner Teil
SGB II	Sozialgesetzbuch – Grundsicherung für Arbeitsuchende
SGB III	Sozialgesetzbuch – Arbeitsförderung
SGB IV	Sozialgesetzbuch – Gemeinsame Vorschriften für die Sozialversicherung
SGB V	Sozialgesetzbuch – Gesetzliche Krankenversicherung
SGB VI	Sozialgesetzbuch – Gesetzliche Rentenversicherung
SGB VII	Sozialgesetzbuch – Gesetzliche Unfallversicherung
SGB VIII	Sozialgesetzbuch – Kinder- und Jugendhilfe
SGB IX	Sozialgesetzbuch – Rehabilitation und Teilhabe behinderter Menschen
SGB X	Sozialgesetzbuch – Verwaltungsverfahren
SGB XI	Sozialgesetzbuch – Soziale Pflegeversicherung
SGB XII	Sozialgesetzbuch – Sozialhilfe
SGG	Sozialgerichtsgesetz
StGB	Strafgesetzbuch
StPO	Strafprozessordnung
VwGO	Verwaltungsgerichtsordnung

WRV	Weimarer Reichsverfassung
WVO	Werkstättenverordnung
ZPO	Zivilprozessordnung

I. Einführung in das Recht

Lernziele:
Der Studierende soll in unser Rechtssystem eingeführt werden und verstehen lernen, was „Recht" in einem Rechtsstaat bedeutet, insbesondere welche Funktion es hat und auf welche Weise Recht auf einen konkreten Sachverhalt angewendet wird.

Jede funktionierende Gesellschaft braucht Normen für das Zusammenleben, die für den Einzelnen als verbindlich angesehen werden. Eine **Rechtsordnung** als Teil der **Sozialordnung** liegt dann vor, wenn die Institutionalisierung ein hohes Maß erreicht hat und unabhängige Gerichte die Einhaltung der Rechtsordnung garantieren; die Rechtsordnung muss auch durchgesetzt werden (z. B. die Einhaltung von Straßenverkehrsvorschriften). *Rechtsordnung als Teil der Sozialordnung*

Die Rechtsordnung ist nicht unveränderlich, sondern von anderen gesellschaftlichen Gegebenheiten wie Änderungen der gesellschaftlichen Grundüberzeugungen oder wirtschaftlichen Verhältnissen abhängig. Der Rechtsstaat beruht nach unserem Verständnis auf der **Gewaltenteilung** von gesetzgebender (z. B. Bundestag), vollziehender (Regierung und nachgeordnete Behörden) und rechtsprechender (Gerichte) Gewalt. *Gewaltenteilung*

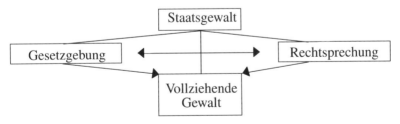

Gesetzgebung, vollziehende Gewalt und Rechtsprechung sind zwar grundsätzlich getrennt, stehen aber in einem Wechselwirkungsverhältnis.

1. Recht im objektiven Sinn

Objektives Recht

Recht im objektiven Sinn sind alle Rechtsnormen, seien sie schriftlich niedergelegt oder als Gewohnheitsrecht gültig.

Schriftliches Recht

1.1 Das schriftlich vorliegende Recht

Gesetze

Gesetze

Die Hauptform des schriftlich niedergelegten Rechts bilden die **Gesetze**. Sie kommen dadurch zustande, dass das zuständige Verfassungsorgan (z. B. der Deutsche Bundestag) sie beschließt (vgl. Art. 77 [1] GG) und die Voraussetzungen des Art. 78 GG erfüllt werden. Nach dieser Bestimmung kommen Bundesgesetze dadurch Zustande, dass der Bundesrat (= Vertretung der Bundesländer) bei zustimmungspflichtigen Gesetzen zustimmt (Zustimmungsgesetze) oder bei nichtzustimmungspflichtigen Gesetzen keinen Einspruch einlegt, diesen zurücknimmt bzw. der Einspruch vom Bundestag überstimmt wird (Einspruchsgesetze).

Das GG sieht gegebenenfalls ein Vermittlungsverfahren zwischen Bundestag und Bundesrat durch den sogenannten Vermittlungsausschuss vor (Art. 77 II GG).

Wichtig für die Wirksamkeit der Gesetze sind die Praktikabilität und die gesellschaftliche Durchsetzbarkeit, aber auch die damit verbundenen Kosten.

Rechtsverordnungen

Rechtsverordnung

Im Verhältnis zur Fülle der zu regelnden Sachverhalte ist das formelle Gesetzgebungsverfahren zu aufwendig und schwerfällig, um alle erforderlichen Einzelheiten festzulegen und rechtzeitig auf gesellschaftliche Bedürfnisse zu reagieren. Es wurde deshalb die Möglichkeit geschaffen, dass die **vollziehende Gewalt** (unter Aufhebung des Prinzips der Gewaltenteilung) Recht in Form einer **Rechtsverordnung** setzen kann. Das kann allerdings nicht unbeschränkt geschehen, denn die Ermächtigung zum Erlass einer Rechtsverordnung sowie deren Inhalt, Zweck und Ausmaß müssen in einem **Gesetz** (s. oben) enthalten sein (vgl. Art. 80 GG).

Beispiel: § 144 I SGB IX bestimmt: „Die Bundesregierung bestimmt durch Rechtsverordnung mit Zustimmung des Bundesrates das Nähere über den Begriff und die Aufgaben der Werkstatt für behinderte Menschen, die Aufnahmevoraussetzungen, die fachlichen Anforderungen, insbesondere hinsichtlich der Wirtschaftsführung sowie des Begriffs und der Verwendung des Arbeitsergebnisses sowie das Verfahren zur Anerkennung als Werkstatt für behinderte Menschen."

Satzungen

Satzungen

Satzungen werden insbesondere von juristischen Personen des öffentlichen Rechts (z. B. Gemeinden) auf Grund deren Rechtsetzungsbefugnis erlassen und gelten nur für deren Bereich. Die Rechtsordnung geht dabei davon aus, dass bestimmte Angelegenheiten am sachkundigsten vor Ort geregelt werden können (z. B. Gebührensatzungen der Gemeinden für bestimmte gemeindliche Aufwendungen).

1.2 Das ungeschriebene Recht

Ungeschriebenes Recht

Das ungeschriebene Recht wird auch als **Gewohnheitsrecht** bezeichnet. Es hat in unserem Kulturkreis durch das geschriebene Recht erheblich an Bedeutung verloren. Das Gewohnheitsrecht beruht auf einer Rechtsüberzeugung, die sich in einer Gemeinschaft über längere Zeit gebildet hat. So kann ein Anspruch (vgl. § 194 I BGB) eines Arbeitnehmers durch betriebliche Übung entstehen, d. h. durch die Tatsache, dass eine Leistung längere Zeit erbracht worden ist. Diese Übung darf allerdings nicht von einer bestehenden Rechtsordnung abweichen (z. B. ist eine Abweichung von Straßenverkehrsvorschriften auch dann unzulässig, wenn sich eine andere Übung eingebürgert hat).

Gewohnheitsrecht

2. RECHT IM SUBJEKTIVEN SINN

Subjektives Recht

Subjektives Recht ist auf die Person bezogen und bezeichnet die **Befugnisse** der jeweiligen Person, die sich aus dem objektiven Recht ergeben.

Befugnisse aus dem objektiven Recht

Es gibt subjektive Rechte, die sich gegen **alle** richten; beispielsweise müssen alle das Eigentum der anderen respektieren.
Andere subjektive Rechte richten sich nur gegen **einzelne Personen** (z. B. die Rechte eines Mieters gegenüber einem Vermieter).
Eine dritte Form bilden die sogenannten **Gestaltungsrechte,** welche die Berechtigung verleihen, durch einen **einseitigen** Rechtsakt auf ein Rechtsverhältnis einzuwirken (z. B. Kündigung eines Arbeitsverhältnisses).

Gestaltungsrechte

3. ÖFFENTLICHES RECHT UND PRIVATRECHT

Das Recht wird in zwei große Rechtsgebiete eingeteilt:
(a) Öffentliches Recht,
(b) Privatrecht.
Sie unterscheiden sich dadurch, dass sie verschiedene Rechtsbeziehungen regeln.

Öffentliches Recht

3.1 Öffentliches Recht

Die Bezeichnung „öffentlich" deutet auf den Staat oder auf Institutionen hin, die mit öffentlicher Gewalt ausgestattet sind (z. B. Rentenversicherungsträger). Allgemein kann man sagen, dass das öffentliche Recht die Rechtsbeziehungen des einzelnen zum Staat (z. b. in den Bereichen des Steuerrechts oder des Strafrechts) sowie zu sonstigen mit Hoheitsgewalt ausgestatteten juristischen öffentlichen Personen regelt, sofern diese im Bereich der öffentlichen Aufgaben tätig werden (vgl. zum Begriff der juristischen Person des öffentlichen Rechts Kap. II, 1.1). Ebenfalls dem öffentlichen Recht zuzuordnen sind die Rechtsbeziehungen zwischen öffentlichen Institutionen. Erstreckt sich dagegen die Tätigkeit der öffentlichen Institutionen auf den allgemeinen Rechtsverkehr (z. B. Verkauf eines dem Staat gehörenden Grundstücks), so gelten auch für den Staat die für jedermann geltenden gesetzlichen Regelungen.

Fall:
Der minderjährige A, schwer körperbehindert, soll zur besseren Förderung in eine Einrichtung für Körperbehinderte aufgenommen werden. Da die Eltern nicht in der Lage sind, die gesamten Kosten zu tragen, beantragen sie beim zuständigen Sozialhilfeträger die Übernahme der Kosten für ihren Sohn.
Welchem Rechtsbereich sind die Rechtsbeziehungen zwischen dem Sohn und dem Sozialhilfeträger zuzuordnen?

Lösung:
Die Beziehungen sind öffentlich-rechtlicher Art und gehören dem Bereich der Leistungsverwaltung an. Sie gestalten sich nach dem SGB XII und dem SGB X. Der Sozialhilfeträger wird über diesen Antrag in Form eines Verwaltungsaktes entscheiden (§ 31 SGB X).

3.2 Privatrecht

Im Gegensatz zum öffentlichen Recht regelt das Privatrecht im Wesentlichen die Rechtsbeziehungen der natürlichen Personen und nicht-öffentlichen juristischen Personen untereinander. Die wichtigsten gesetzlichen Regelungen sind im Bürgerlichen Gesetzbuch (BGB) enthalten, welches in fünf Teile gegliedert ist:

1. Buch: Allgemeiner Teil
2. Buch: Schuldrecht
3. Buch: Sachenrecht
4. Buch: Familienrecht
5. Buch: Erbrecht

Das BGB ist am 1. 1. 1900 in seiner ursprünglichen Fassung in Kraft getreten und hat erstmals das Privatrecht in Deutschland vereinheitlicht. Für die Qualität des Gesetzes spricht, dass es trotz zahlreicher Änderungen in seinen Grundzügen bis heute Gültigkeit hat.
Die fünf Bücher haben folgenden Inhalt:

Erstes Buch: **Allgemeiner Teil**
Dieses Buch enthält gemeinsame Regeln für die folgenden Bücher.
Beispiel: Schließt ein Behinderter mit dem Träger einer Werkstatt für behinderte Menschen einen Werkstattvertrag, so ist dieser nur wirksam, wenn der Behinderte geschäftsfähig ist (Ausnahme: Der Vertrag ist bei Geschäftsunfähigkeit insoweit wirksam als Leistung und deren Gegenleistung, soweit diese in einem angemessenen Verhältnis zueinander stehen, bereits bewirkt sind – § 138 V SGB IX). § 105 I BGB stellt fest, dass Willenserklärungen Geschäftsunfähiger nichtig sind.

Zweites Buch: **Recht der Schuldverhältnisse**
Unter Schuldverhältnissen versteht das BGB eine Rechtsbeziehung zwischen mindestens zwei Personen, von denen eine Person (Gläubiger) eine Leistung fordern und die andere Person (Schuldner) die Leistung zu erbringen hat.
Beispiel: Durch einen Kaufvertrag wird der Käufer (= Schuldner) verpflichtet, an den Verkäufer (= Gläubiger) den vereinbarten Kaufpreis zu bezahlen und die gekaufte Sache (z. B. Pkw) abzunehmen (§ 433 II BGB).

Drittes Buch: **Sachenrecht**
Dieses Buch regelt im Wesentlichen die mit Besitz und Eigentum verbundenen Rechte und Pflichten.

Privatrecht

Bürgerliches Gesetzbuch

Allgemeiner Teil

Recht der Schuldverhältnisse

Sachenrecht

Beispiel: Durch den im vorgenannten Beispiel abgeschlossenen Kaufvertrag wird der Käufer noch nicht Eigentümer der Sache. Nach § 929 BGB ist dafür notwendig, dass der Verkäufer den Pkw an den Käufer übergibt und beide darüber einig sind, dass das Eigentum an der Sache an ihn übergehen soll.

Familienrecht

Viertes Buch: **Familienrecht**

Das Familienrecht regelt die familiären Beziehungen (Bürgerliche Ehe, Verwandtschaft), ferner die Fragen der Vormundschaft, der Pflegschaft und der rechtlichen Betreuung.

Beispiel: Die Ehe der Eltern eines Kindes ist geschieden. Die elterliche Sorge wurde entgegen dem Willen des Vaters auf die Mutter übertragen. Der Vater ist der Meinung, dass nur derjenige unterhaltspflichtig ist, dem auch das Sorgerecht zusteht. § 1601 BGB bestimmt aber, dass die Unterhaltspflicht auf der Verwandtschaft beruht und nicht vom Sorgerecht abhängig ist.

Erbrecht

Fünftes Buch: **Erbrecht**

Das Erbrecht regelt die mit dem Tod des Eigentümers verbundene Weitergabe des Privatvermögens (vgl. Kap. II, 9).

Beispiel: A ist Erbe seines Onkels O geworden. Er erfährt, dass der Nachlass überschuldet ist. Aus diesem Grunde lässt er sich durch einen Rechtsanwalt beraten. Dieser rät ihm, die Erbschaft auszuschlagen (§ 1942 BGB), da man auch Schulden erben kann (§ 1967 BGB).

Folgender Fall ist dem Privatrecht zuzuordnen:

Fall:
Sie „leihen" einem Bekannten 1 000 EUR und vereinbaren gleichzeitig, dass er den Betrag zu einem bestimmten Zeitpunkt zurückzahlt. Zu dem vereinbarten Zeitpunkt erfolgt keine Zahlung, auch mehrere Mahnungen Ihrerseits bleiben ohne Resonanz. Sie überlegen, wie Sie wieder zu Ihrem Geld kommen.

Lösung:
Zunächst ist festzustellen, dass es sich um keine Leihe, sondern um ein Darlehen handelt. Unter Leihe versteht das BGB (§§ 598 ff.), dass der Verleiher dem Entleiher den **unentgeltlichen** Gebrauch der geliehenen Sache gestattet. Die Rechtsbeziehungen aus einem Darlehensvertrag zwischen zwei natürlichen Personen richten sich nach den Regeln des Privatrechts (§ 488 BGB). Nachdem Ihr

---

Bekannter offenbar nicht gewillt ist, den Darlehensbetrag zurückzuzahlen, gibt es die Möglichkeit, einen Mahnbescheid beim zuständigen Amtsgericht zu beantragen (§ 688 ff. ZPO).

Die Zuordnung eines Sachverhalts zum öffentlichen Recht oder Privatrecht hat große praktische Bedeutung im Streitfall, wenn es darum geht, welches Gericht sachlich zuständig ist.

Zuordnung

Unser Rechtssystem kennt sechs **Gerichtszweige:**
Verfassungsgerichtsbarkeit,
Ordentliche Gerichtsbarkeit,
Verwaltungsgerichtsbarkeit,
Arbeitsgerichtsbarkeit,
Sozialgerichtsbarkeit,
Finanzgerichtsbarkeit
(vgl. Art. 95 [1] GG).

Gerichtszweige

Die **Verfassungsgerichtsbarkeit** wird durch das Bundesverfassungsgericht und die Verfassungsgerichte der Länder ausgeübt. Diese Gerichte entscheiden verfassungsrechtliche Streitigkeiten, z. B. ob eine gesetzliche Regelung mit der Verfassung übereinstimmt.

Verfassungsgerichtsbarkeit

Gerichte der **ordentlichen Gerichtsbarkeit** sind das Amtsgericht, Landgericht, Oberlandesgericht und der Bundesgerichtshof. Sie entscheiden in Zivil- und Strafsachen. Zu den ordentlichen Gerichten gehört auch das Familiengericht als Teil des Amtsgerichts. Das Familiengericht ist insbesondere zuständig für die Ehescheidung, die elterliche Sorge und die gesetzliche Unterhaltspflicht.

Ordentliche Gerichtsbarkeit

Unter dem Begriff **Verwaltungsgerichtsbarkeit** werden die Verwaltungsgerichte, Oberverwaltungsgerichte und das Bundesverwaltungsgericht zusammengefasst. Diese Gerichte sind für öffentlich-rechtliche Streitigkeiten zuständig, z. B. für die Bereiche der Jugendhilfe.

Verwaltungsgerichtsbarkeit

Die **Arbeitsgerichtsbarkeit** hat einen dreigliedrigen Aufbau: Arbeitsgericht – Landesarbeitsgericht – Bundesarbeitsgericht. Im Wesentlichen werden hier arbeitsrechtliche Streitfälle, z. B. Kündigungsschutzklagen, verhandelt.

Arbeitsgerichtsbarkeit

Der **Sozialgerichtsbereich** gliedert sich in drei Gerichtszweige: Sozialgericht, Landessozialgericht, Bundessozialgericht. Diese Gerichte sind insbesondere für Streitigkeiten aus dem Sozialversicherungs- und Arbeitsförderungsbereich zuständig.

Sozialgerichtsbarkeit

Finanz-
gerichts-
barkeit

Die **Finanzgerichtsbarkeit** (Finanzgerichte und der Bundesfinanz-
hof) entscheiden steuerliche Streitigkeiten.

Die Rechtsprechung vollzieht sich auf verschiedenen Ebenen:

Beispiel: Ordentliche Gerichtsbarkeit

Bundesgerichtshof
↑
Oberlandesgericht
↑
Landgericht
↑
Amtsgericht

Die jeweilige Zuständigkeit ist im Gerichtsverfassungsgesetz (GVG)
geregelt.

Funktion
des Rechts

4. FUNKTION DES RECHTS

Das Recht hat die Aufgabe, der **Gerechtigkeit** zum Durchbruch zu

Rechts-
sicherheit

verhelfen. Das bedeutet zum einen, dass **Rechtssicherheit** geschaffen
wird. Der Einzelne muss sich darauf verlassen können, dass bestimmte
Rechtsregeln auf alle in gleicher Weise angewendet werden (z. B. tritt
bei Nichtvorliegen einer letztwilligen Verfügung des Erblassers bei
dessen Tod stets die gesetzliche Erbfolge ein). Andererseits muss das

Einzelfall-
gerechtigkeit

Recht auch dem **Einzelfall** gerecht werden, weil es sonst letzten Endes
wieder ungerecht würde (beispielsweise können Minderjährige bei der
Schadenersatzpflicht nicht bedingungslos mit Erwachsenen gleichgestellt werden. Deshalb kommt es bei der Prüfung der Schadenersatzpflicht eines Minderjährigen ab dem vollendeten 7. Lebensjahr auf die
individuelle Einsichtsfähigkeit an – § 828 II BGB).

Rechts-
anwendung

5. RECHTSANWENDUNG

Die Anwendung des Rechts auf den konkreten Einzelfall bereitet dem
juristisch nicht Geübten in der Regel einige Schwierigkeiten. Die sinn-
volle Vorgehensweise lässt sich am besten anhand eines Falles darstellen:

Otto (19) und Fritz (22) arbeiten in einer Werkstatt für behinderte Menschen in der von Ihnen geleiteten Gruppe. Während Sie einem anderen Gruppenmitglied gerade etwas erklären, entwickelt sich zwischen Otto und Fritz eine handgreifliche Auseinandersetzung, in deren Verlauf Otto, der Fritz körperlich weit überlegen ist, diesen mit einem Faustschlag zu Boden streckt, so dass dieser ärztlich behandelt werden muss. Es soll die Frage geklärt werden, ob Otto dem Fritz Schadenersatz in Form von Schmerzensgeld leisten muss.

Dazu ist zunächst der genaue **Sachverhalt** abzuklären, d. h. was hat sich zugetragen? Wer hat den Vorfall beobachtet? Wie ist es zu dieser Auseinandersetzung gekommen? Hat für Otto eine Notwehrsituation vorgelegen? *Abklärung des Sachverhalts*

In einem zweiten Schritt ist zu klären, welche **gesetzlichen Vorschriften** hier Anwendung finden. *Gesetzliche Vorschriften*

Die Verletzung des Fritz stellt gegebenenfalls eine unerlaubte Handlung im Sinne des § 823 I BGB dar. Der vom BGB im Rahmen des Schuldrechts verwendete Begriff „Unerlaubte Handlung" bezieht sich auf ein Tun oder Unterlassen, das in rechtswidriger Weise in die Rechtssphäre eines anderen eingreift. Daneben spielen die Vorschriften hinsichtlich eines möglichen Ausschlusses der Verantwortlichkeit (= Ausschluss der Schadensersatzpflicht) des Otto (§ 827 S. 1 BGB), einer möglichen Notwehrsituation des Otto (§ 227 BGB) und eines möglichen Mitverschuldens des Fritz (§ 254 BGB) eine Rolle.

Je nach der konkreten Situation wird entweder keine Haftung, eine volle Haftung oder eine Teilhaftung des Otto festgestellt werden. *Ergebnis der Überprüfung*

Es lassen sich somit folgende Schritte festhalten, nach denen auch ein Gericht verfährt:

(1) Feststellung des genauen Sachverhalts,
(2) Feststellung der gesetzlichen Grundlagen,
(3) Feststellung des Ergebnisses.

6. Übungsfragen

1. Was versteht man unter dem Begriff „Rechtsordnung"?
2. Welcher umfassenderen Ordnung gehört die Rechtsordnung an?
3. Was ist Recht im objektiven Sinn?

4. Wie kommen Gesetze zustande?
5. Wodurch unterscheiden sich Gesetze von Rechtsverordnungen?
6. Nennen Sie ein Beispiel für ein subjektives Recht!
7. Was ist ein Gestaltungsrecht?
8. Worin besteht der Unterschied zwischen öffentlichem und privatem Recht?
9. Gehört die Gewährung von Eingliederungshilfe für seelisch behinderte Kinder durch das Jugendamt dem Bereich des öffentlichen Rechts oder des Privatrechts an und warum?
10. Welche Gerichtszweige kennen Sie?
11. Für welchen Bereich ist die Verwaltungsgerichtsbarkeit zuständig?
12. Worin sehen Sie die Funktion des Rechts?
13. In welchen Schritten vollzieht sich zweckmäßigerweise die rechtliche Überprüfung eines konkreten Sachverhalts?

7. WEITERFÜHRENDE LITERATUR

Baur/Walter, Einführung in das Recht der Bundesrepublik Deutschland, 6. Auflage, München 1992
Gastiger/Winkler, Gesetzestexte für soziale Arbeit (Loseblatt)
Haase/Keller, Grundlagen und Grundformen des Rechts, 11. Auflage, Stuttgart 2002

II. Rechtsstellung Minderjähriger und behinderter Menschen

Lernziele:
Die berufliche Tätigkeit im Bereich der Heilerziehungspflege bezieht sich zum einen auf Minderjährige, die in der Regel als erziehungsschwierig und/oder behindert einzustufen sind, zum anderen auf behinderte Erwachsene. Es ist wichtig, entsprechende Kenntnisse über deren Rechtsstellung zu haben; denn diese Rechtsstellung hat Auswirkungen auf die Form der Betreuung.

1. RECHTSFÄHIGKEIT

1.1 Rechtsfähigkeit einer natürlichen Person

Das Recht unterscheidet zwischen **natürlichen** und **juristischen** Personen. Jeder Mensch ist eine natürliche Person, ohne Rücksicht auf sein Alter und sein Geschlecht. Eine juristische Person wird durch den Zusammenschluss von Menschen (z. B. eingetragener Verein) oder durch den Zusammenschluss von Vermögensmassen (z. B. Gesellschaft mit beschränkter Haftung) gebildet. Neben der juristischen Person des Privatrechts gibt es auch juristische Personen des öffentlichen Rechts (z. B. Gemeinden).

Natürliche Person
Juristische Person

Der Begriff der Rechtsfähigkeit einer natürlichen Person steht am Anfang des BGB (§ 1). Aus dieser Bestimmung ergibt sich nicht, was man unter Rechtsfähigkeit des Menschen versteht, sondern nur, dass sie mit der „Vollendung der Geburt" beginnt, sofern das Kind zu diesem Zeitpunkt lebt. Das Recht kennt allerdings auch eine „vorgezogene" Rechtsfähigkeit. So hat das erzeugte, aber noch nicht geborene Kind das Recht auf Leben (Art. 2 II S. 1 GG), es kann auch Erbe werden (§ 1923 II BGB) und hat im Falle der Tötung eines jetzigen oder künftigen Unterhaltpflichtigen einen Schadenersatzanspruch gegen den Täter (§ 844 II BGB).

Rechts-
fähigkeit
„Rechtsfähigkeit" ist die Fähigkeit, Rechte und Pflichten zu haben.

Fall:
Der Großvater A ist Eigentümer eines Hauses mit mehreren vermieteten Wohnungen. Er hat in seinem Testament seinen Enkel B zum Alleinerben eingesetzt. Als A stirbt, ist B zwei Jahre alt. Kann B Erbe sein?

Lösung:
B ist nach § 1 BGB rechtsfähig und beerbt somit seinen Großvater A. Er wird durch den Erbfall Alleineigentümer des Hauses und tritt gleichzeitig als Vermieter in die Mietverträge ein (§ 1922 BGB).

Beginn und
Ende der
Rechts-
fähigkeit
Die Rechtsfähigkeit besteht unabhängig vom Grad der Behinderung und darf nicht mit der Geschäftsfähigkeit verwechselt werden. Die Rechtsfähigkeit beginnt mit der Geburt und endet mit dem Tode der betreffenden Person.

Rechtsfähig-
keit einer
juristischen
Person
1.2 Rechtsfähigkeit einer juristischen Person

Juristische Personen erlangen die Rechtsfähigkeit nach den für sie geltenden gesetzlichen Regelungen, wobei zwischen juristischen Personen des Privatrechts und juristischen Personen des öffentlichen Rechts unterschieden wird. In diesem Zusammenhang soll nur die Erlangung der Rechtsfähigkeit durch juristische Personen des Privatrechts am Beispiel des Vereins und der Gesellschaft mit beschränkter Haftung dargelegt werden:

(1) Hauptform des Vereins ist eine nicht auf einen wirtschaftlichen Geschäftsbetrieb ausgerichtete Personenvereinigung. Ein solcher Verein wird dadurch rechtsfähig, dass er beim zuständigen Amtsgericht in das Vereinsregister eingetragen wird (§ 21 BGB). Mit der Eintragung wird dem Vereinsnamen der Zusatz e. V. (eingetragener Verein) beigefügt (§ 65 BGB). Dadurch unterscheidet sich ein solcher eingetragener Verein von den sogenannten „nichtrechtsfähigen" Vereinen (§ 54 BGB).
(2) Die Gesellschaft mit beschränkter Haftung (GmbH) ist eine Kapitalgesellschaft. Für die Verbindlichkeiten der Gesellschaft haftet nicht der einzelne Gesellschafter mit seinem gesamten Privatvermögen,

sondern nur das Gesellschaftsvermögen (§ 13 II GmbHG); damit allerdings auch die Einlage des einzelnen Gesellschafters. Die GmbH erhält ihre Rechtsfähigkeit mit der Eintragung in das Handelsregister beim zuständigen Amtsgericht (vgl. § 11 GmbHG).

1.3 Übungsfragen

1. Was ist der Unterschied zwischen einer natürlichen und einer juristischen Person?
2. Erläutern Sie den Begriff „Rechtsfähigkeit" einer natürlichen Person!
3. Hat eine Behinderung Einfluss auf die Rechtsfähigkeit?
4. Wann beginnt und endet die Rechtsfähigkeit einer natürlichen Person?
5. Wie erlangt ein Verein die Rechtsfähigkeit?

1.4 Weiterführende Literatur

Palandt, Bürgerliches Gesetzbuch, 68. Auflage, München 2009

2. GRUNDRECHTE

2.1 Begriff

Den ersten Teil des Grundgesetzes (GG) bilden die sogenannten **Grundrechte.**

Es handelt sich dabei um Rechte des Einzelnen, welche eine Verpflichtung des Staates begründen (z. B. das Recht auf freie Meinungsäußerung zu schützen – Art. 5 GG) und Auswirkungen auf den privaten Rechtsverkehr der Einzelnen untereinander haben. Man spricht hier von einer **mittelbaren Drittwirkung.** Dies bedeutet folgendes: Die Grundrechte binden **unmittelbar** nur die Gesetzgebung, die vollziehende Gewalt und die Rechtsprechung (Art. 1 III GG), haben also nur auf das Verhältnis Staat – Bürger einen direkten Einfluss. Sie wirken darüber hinaus nicht direkt, aber indirekt = **mittelbar** auf die Rechtsverhältnisse **zwischen den Bürgern** ein. Nach der Rechtsprechung des Bundesverfassungsgerichts muss das Privatrecht in Einklang mit dem grundrechtlichen Wertesystem stehen, so dass die Auslegung des

Verpflichtung des Staates

Drittwirkung

bürgerlichen Rechts der Verfassung zu folgen hat (BVerfGE 7, 206). Die verfassungskonforme **Auslegung** ist vor allem bei auslegungsfähigen und ausfüllungsbedürftigen Begriffen notwendig. Gerade die sogenannten „unbestimmten" Rechtsbegriffe (= das Gesetz gibt nicht selbst eine Begriffsdefinition) müssen im Sinne der Grundrechte ausgelegt werden. Ein typisches Beispiel ist das Verhältnis des Erziehungsrechts der Eltern (Art. 6 II GG) zur grundrechtlichen Rechtsposition des Kindes. Hier kommt es im Konfliktfall auf das sogenannte „Kindeswohl" an, einen vom Gesetz nicht definierten Rechtsbegriff. Dieser muss deshalb im Sinne des Art. 2 I GG ausgelegt werden. Nach dieser Bestimmung hat auch ein Minderjähriger das Recht zur freien Entfaltung seiner Persönlichkeit. Dies hat zur Folge, dass der Wille des Kindes insoweit von den Eltern berücksichtigt werden muss, als dies mit seinem Wohl vereinbar ist. Die abnehmende Pflege- und Erziehungsbedürftigkeit sowie die zunehmende Selbstbestimmungsfähigkeit des Kindes (Art. 2 I GG) drängt die im Elternrecht wurzelnden Rechtsbefugnisse zurück, bis sie schließlich mit der Volljährigkeit des Kindes erlöschen (BVerfGE 72, 137). Das Bundesverfassungsgericht hat mit seiner Entscheidung vom 1.4.2008 (1 BvR 1620/04) klar ausgesprochen, dass mit der elterlichen Pflicht zur Pflege und Erziehung ihres Kindes „das **Recht des Kindes auf Pflege und Erziehung durch seine Eltern aus Art. 6 Abs. 2 Satz 1 GG**" korrespondiert. Der Staat verwirklicht die Grundrechte durch Einzelgesetze (z. B. wird der in Art. 2 [2] S. 1 GG normierte Schutz der körperlichen Unversehrtheit durch das StGB [§ 223] gewährleistet).

2.2 Grundrechtsfähigkeit

Grundrechts-
fähigkeit

Darunter versteht man die Fähigkeit – hier einer natürlichen Person – Träger von Grundrechten zu sein, wobei es allerdings darauf ankommt, ob das betreffende Grundrecht **jeder Person** (= Menschenrecht) oder nur den **Deutschen** (= Bürgerrecht) zusteht (vgl. Art. 2 [2] S. 1: „**Jeder** hat das Recht auf Leben und körperliche Unversehrtheit." und Art. 11 [1] GG: „Alle **Deutschen** genießen Freizügigkeit im ganzen Bundesgebiet."). Unter diesem Vorbehalt ist jede Person grundrechtsfähig, gleich welchen Alters und ob eine Behinderung vorliegt oder nicht. Auch schon ein Kind ist ein Wesen mit eigener Menschenwürde und eigenem Recht auf Entfaltung seiner Persönlichkeit im Sinne der Art. 1 I, 2 I GG.

Menschen-
recht
Bürgerrecht

2.3 Grundrechtsmündigkeit

Jede natürliche Person ist zwar grundrechtsfähig; damit ist aber noch nichts darüber ausgesagt, inwieweit sie die sich aus den Grundrechten ergebenden Befugnisse **selbstständig** ausüben kann. Diese Selbstständigkeit kann entweder auf Grund der **Minderjährigkeit** und/oder einer **Behinderung** des Grundrechtsträgers eingeschränkt sein bzw. ganz entfallen. In diesen Fällen übt der **gesetzliche Vertreter** für den Vertretenen die entsprechenden Rechte aus. Dabei ist aber zu beachten, dass der **Urteilsfähige,** auch wenn er nicht die volle Geschäftsfähigkeit besitzt, die **höchstpersönlichen** Rechte selbst ausüben kann. Für die Ausübung höchstpersönlicher Rechte gilt der Grundsatz, dass der zwar noch Unmündige, aber schon Urteilsfähige die ihm um seiner Persönlichkeit willen zustehenden Rechte auch eigenständig ausüben soll. Solche höchstpersönlichen Rechte sind das Entscheidungsrecht des Jugendlichen über seine Religionszugehörigkeit (§ 5 RelKErzG), das eigenständige Beschwerderecht des Jugendlichen (§ 60 FamFG), die Testierfähigkeit (§ 2229 BGB), die Eidesmündigkeit (§§ 60 Nr. 1, 61 Nr. 1 StPO) sowie die Handlungsfähigkeit Minderjähriger (§ 36 SGB I) (BVerfGE 59, 388).

Grundrechtsmündigkeit

2.4 Einschränkung der Grundrechte

Die Ausübung der Grundrechte ist dann eingeschränkt, wenn die Ausübung des Grundrechts von im Grundrecht selbst enthaltenen Voraussetzungen abhängig ist – z. B. Recht auf freie Entfaltung der Persönlichkeit, soweit nicht „die Rechte anderer verletzt und nicht gegen die verfassungsmäßige Ordnung oder das Sittengesetz" verstoßen wird – Art. 2 (1) GG – oder im Grundrecht ein **Gesetzesvorbehalt** vorgesehen ist. Z. B. darf in die in Art. 2 (2) GG genannten Grundrechte nur auf Grund eines **Gesetzes** eingegriffen werden. Für den Bereich der Freiheitsentziehung wird dies zusätzlich durch Art. 104 (1) GG bestimmt. Ein solches die Grundrechte einschränkendes Gesetz ist beispielsweise das StGB, soweit es Freiheitsstrafen vorsieht.

Einschränkung der Grundrechte

Voraussetzungen der Grundrechte

Gesetzesvorbehalt

2.5 Kontrolle der Einhaltung der Grundrechte

Jedermann hat nach Art. 93 (1) Nr. 4 a GG das Recht, im Rahmen einer **Verfassungsbeschwerde,** über welche das Bundesverfassungsgericht entscheidet, nachprüfen zu lassen, ob und gegebenenfalls inwieweit er in seinen Grundrechten durch die öffentliche Gewalt ver-

Grundrechtskontrolle

Verfassungsbeschwerde

letzt worden ist. In der Regel muss aber vorher – sofern möglich – der Rechtsweg ausgeschöpft sein (§ 90 II BVerfGG).

Normen-kontrolle Das GG sieht weiterhin vor, dass jedes Gericht, das Rechtsnormen, welche für die Entscheidung von Bedeutung sind, als verfassungswidrig ansieht, das Verfahren aussetzen muss, um die Entscheidung des Verfassungsgerichts des jeweiligen Bundeslandes bzw. des Bundesverfassungsgerichts einzuholen (Art. 100 [1] GG). Die Zuständigkeit hängt davon ab, ob es sich um eine Verletzung der jeweiligen Landesverfassung oder des Grundgesetzes handelt.

Grundrechts-kollision

2.6 Grundrechtskollision

Die Grundrechte verschiedener Grundrechtsträger können einen Widerstreit auslösen. Der Streit kann dann nur zugunsten des Grundrechts entschieden werden, welches im konkreten Fall das höhere Gewicht hat.

Bei Interessenkollision zwischen Kind und Eltern sind die Interessen des Kindes grundsätzlich vorrangig. Das Verhältnis des Elternrechts zum Persönlichkeitsrecht des Kindes wird durch die besondere Struktur des Elternrechts geprägt; dieses ist wesentlich ein Recht im Interesse des Kindes.

Fall:

Ein Lehrer erfährt von einem Schüler, dass dieser einen Kaufhausdiebstahl begangen hat, von dem sonst niemand weiß. Auf Grund der Kenntnis der Familiensituation muss der Lehrer befürchten, dass der Schüler bei einer Information der Eltern körperlich gezüchtigt wird. Muss der Lehrer die Eltern trotzdem informieren?

Lösung:

Grundsätzlich haben die Eltern auf Grund ihres Elternrechtes (Art. 6 II S. 1 GG) einen umfassenden Informationsanspruch, besonders auch im Hinblick auf ein offenes Vertrauensverhältnis zwischen Eltern und Schule. Hier wird man aber entsprechend der Rechtsprechung des Bundesverfassungsgerichts (BVerfGE 59, 360) davon ausgehen müssen, dass durch eine Mitteilung an die Eltern das Wohl des Kindes gefährdet wird. Also muss der Lehrer zur Gewährleistung des Persönlichkeitsrechts des Kindes (Art. 2 I GG) die Mitteilung an die Eltern unterlassen.

2.7 Gleichheitsgrundsatz – Benachteiligungsverbot für Behinderte

Art. 3 GG enthält die grundlegende Feststellung, dass alle Menschen vor dem Gesetz gleich und dass insbesondere Männer und Frauen gleichberechtigt sind. Niemand darf wegen seines Geschlechtes, seiner Abstammung, seiner Rasse, seiner Sprache, seiner Heimat und Herkunft, seines Glaubens, seiner religiösen oder politischen Anschauungen benachteiligt oder bevorzugt werden.

Generell besteht seit 1994 ein grundgesetzlich geschütztes **Benachteiligungsverbot** für Behinderte: „Niemand darf wegen seiner Behinderung benachteiligt werden" (Art. 3 III S. 2 GG). Einen wichtigen Schritt nach vorn stellt das SGB IX – Rehabilitation und Teilhabe behinderter Menschen vom 6. April 2001 dar (vgl. Kap. III 9). Ergänzend dazu ist zwischenzeitlich das sogenannte **Gleichstellungsgesetz** für behinderte Menschen in Kraft getreten, das ihnen ein barrierefreies Leben in allen öffentlichen Lebensbereichen ermöglichen soll.

Der Bundestag hat mit Gesetz vom 21.12.2008 (BGBl II S. 1419) dem Übereinkommen der Vereinten Nationen vom 13. Dezember 2006 über die Rechte von Menschen mit Behinderungen zugestimmt (Behindertenrechtskonvention – BRK).

Die Beauftragte der Bundesregierung für die Belange behinderter Menschen weist darauf hin, dass damit Behinderung als **Menschenrechtsthema** anerkannt worden ist und die existierenden Menschenrechte auf die Lebenssituation von Menschen mit Behinderungen zugeschnitten werden. Das Übereinkommen enthält u.a. folgende wichtige Aspekte:

(1) Definition der Behinderung

Art. 1 umschreibt diese wie folgt:

„Zu den Menschen mit Behinderungen zählen Menschen, die langfristige körperliche, seelische, geistige oder Sinnesbeeinträchtigungen haben, welche sie in Wechselwirkung mit verschiedenen Barrieren an der vollen, wirksamen und gleichberechtigten Teilhabe an der Gesellschaft hindern können."

(2) Allgemeine Grundsätze des Übereinkommens

Das Übereinkommen geht von folgenden Grundsätzen aus (Art. 3): „Die Grundsätze des Übereinkommens sind:

Marginalien:

Gleichheitsgrundsatz

Benachteiligungsverbot für Behinderte

Behindertenrechtskonvention

Definition der Behinderung

a) die Achtung der dem Menschen innewohnenden Würde, seiner individuellen Autonomie, einschließlich der Freiheit, eigene Entscheidungen zu treffen, sowie seiner Unabhängigkeit;

b) die Nichtdiskriminierung;

c) die volle und wirksame Teilhabe an der Gesellschaft und Einbeziehung in die Gesellschaft;

d) die Achtung vor der Unterschiedlichkeit von Menschen mit Behinderungen und der Akzeptanz dieser Menschen als Teil der menschlichen Vielfalt und der Menschheit;

e) die Chancengleichheit;

f) die Zugänglichkeit;

g) die Gleichberechtigung von Mann und Frau;

h) die Achtung vor den sich entwickelnden Fähigkeiten von Kindern mit Behinderungen und die Achtung ihres Rechts auf Wahrung ihrer Identität."

(3) Gleiche Anerkennung vor dem Recht

Während Menschen mit Behinderungen früher mehr als „Objekt" der Hilfe gesehen wurden, hat sich dies zwischenzeitlich in der Weise gewandelt, dass behinderte Menschen jetzt als **Rechtssubjekt** gesehen werden. In Art. 12 I bekräftigen die Vertragsstaaten, „dass Menschen mit Behinderungen das Recht haben, überall als Rechtssubjekt anerkannt zu werden." Konsequenterweise anerkennen die Vertragsstaaten, „dass Menschen mit Behinderungen in allen Lebensbereichen gleichberechtigt mit anderen **Rechts- und Handlungsfähigkeit** genießen" (Art. 12 II).

Das deutsche Recht stimmt damit im Bereich der Rechtsfähigkeit überein (s. Kap. II 1.1), nicht aber, was die Handlungsfähigkeit anbetrifft (s. Kap. II 3), da Art. 12 II im Gegensatz zum BGB keine Einschränkung hinsichtlich der Handlungsfähigkeit enthält. Auch die in Art. 12 III den Menschen mit Behinderungen zugesagte Unterstützung, „... die sie bei der Ausübung ihrer Rechts- und Handlungsfähigkeit gegebenenfalls benötigen", schränkt die Handlungsfähigkeit rechtlich nicht ein. Der deutsche Gesetzgeber ist zwar mit der Einfügung des § 105a BGB (Geschäfte des täglichen Lebens eines geschäftsunfähigen Volljährigen) der Regelung des Übereinkommens einen Schritt näher gekommen. Seine Aufgabe wird aber sein, die betreffenden unterschiedlichen Regelungen zwischen Übereinkommen und BGB insgesamt in Einklang zu bringen.

Rechtssubjekt

Rechts- und Handlungsfähigkeit

(4) Unabhängige Lebensführung

In Art. 19 wird das gleiche Recht aller Menschen mit Behinderungen anerkannt, „mit gleichen Wahlmöglichkeiten wie andere Menschen in der Gemeinschaft zu leben." Dazu zählt insbesondere die gleichberechtigte Möglichkeit, „ihren Aufenthaltsort zu wählen und zu entscheiden, wo und mit wem sie leben, und nicht verpflichtet sind, in besonderen Wohnformen zu leben." Um Isolation und Absonderung von der Gemeinschaft zu verhindern, sollen gemeindenahe Unterstützungsdienste und persönliche Assistenz zur Verfügung stehen.

(5) Zugänglichkeit (Barrierefreiheit)

Nach Art. 9 1 treffen die Vertragsstaaten „geeignete Maßnahmen mit dem Ziel, für Menschen mit Behinderungen den gleichberechtigten Zugang zur physischen Umwelt, zu Transportmitteln, Information und Kommunikation, einschließlich Informations- und Kommunikationstechnologien und -systemen sowie zu anderen Einrichtungen und Diensten, die der Öffentlichkeit in städtischen und ländlichen Gebieten offenstehen oder für sie bereitgestellt werden, zu gewährleisten."

(6) Bildung

Das Übereinkommen betont das Recht von Menschen mit Behinderungen auf Bildung. „Um dieses Recht ohne Diskriminierung und auf der Grundlage der Chancengleichheit zu verwirklichen, gewährleisten die Vertragsstaaten ein **integratives Bildungssystem auf allen Ebenen** und lebenslanges Lernen ... (Art. 24 I). Dieses Recht auf integrative Bildung bezieht sich vor allem auf den **schulischen Bereich**. Hier ist vorgesehen, dass „Menschen mit Behinderungen nicht aufgrund von Behinderung vom allgemeinen Bildungssystem ausgeschlossen werden und dass Kinder mit Behinderungen nicht aufgrund von Behinderung vom unentgeltlichen und obligatorischen Grundschulunterricht oder vom Besuch weiterführender Schulen ausgeschlossen werden" (§ 24 II a). Für die Bundesrepublik Deutschland stellt sich schulpolitisch die Frage, in welchem Verhältnis der Regelschulbereich zum Förderschulbereich steht. Es ist zu erwarten, dass Eltern sich im Falle der Einweisung ihres Kindes in eine Förderschule auf die UN-Konvention berufen werden.

Jeder kann sich im Übrigen an den in Genf eingerichteten Rechtsausschuss wenden, der die Umsetzung der Konvention überwacht.

Arbeit und Beschäftigung

(7) Arbeit und Beschäftigung

Menschen mit Behinderungen haben das gleiche Recht auf Arbeit: „dies beinhaltet das Recht auf die Möglichkeit, den Lebensunterhalt durch Arbeit zu verdienen, die in einem offenen, integrativen und für Menschen mit Behinderungen zugänglichen Arbeitsmarkt und Arbeitsumfeld frei gewählt oder angenommen wird" (§ 27 I).

Rechtsvorschriften der Vertragsstaaten sollen die „Diskriminierung aufgrund von Behinderung in allen Angelegenheiten im Zusammenhang mit einer Beschäftigung gleich welcher Art, einschließlich der Auswahl-, Einstellungs- und Beschäftigungsbedingungen, der Weiterbeschäftigung, des beruflichen Aufstiegs sowie sicherer und gesunder Arbeitsbedingungen" verbieten (Art. 27 I a).

Die Umsetzung dieses Übereinkommens stellt auch die Bundesrepublik Deutschland vor große Herausforderungen, obwohl im Vergleich zu anderen Staaten ein modernes Behindertenrecht bereits besteht.

2.8 Wichtige Grundrechte in der Arbeit mit Minderjährigen und behinderten Menschen

Schutz der Menschenwürde

Schutz der Menschenwürde (Art. 1 GG)

Oberstes Prinzip im Rahmen des beruflichen Handelns in der Heilerziehungspflege muss die Achtung der Menschenwürde des Betreuten sein. Je hilfloser dessen Lage ist, umso höhere Anforderungen stellt dieses Prinzip, gerade wenn es sich um schwerbehinderte Menschen handelt. Durch dieses Grundrecht wird der Staat verpflichtet, Einwirkungen auf die Menschenwürde des einzelnen zu verhindern. Der Einzelne darf nicht zum Objekt „degradiert" werden. Beeinträchtigt wird die Menschenwürde z. B. durch Misshandlung und körperliche Strafen.

Persönliche Freiheitsrechte

Freie Entfaltung der Persönlichkeit

Persönliches Freiheitsrechte (Art. 2 GG)

Dieses Grundrecht hat drei Aspekte:

Die Bestimmung des Art. 2 (1) GG garantiert das **Recht auf freie Entfaltung der Persönlichkeit.** Jeder hat das Recht, sein Handeln so einzurichten, wie er es für richtig hält. Allerdings enthält dieses Recht auch **Schranken** der Entfaltung der Persönlichkeit. Die Wahrnehmung dieses Rechts hat seine Grenze dort, wo die **Rechte anderer** verletzt werden, wo gegen die **verfassungsmäßige Rechtsordnung** oder gegen das **Sittengesetz** verstoßen wird. Allerdings ist gerade der Inhalt dessen, was das GG als Sittengesetz bezeichnet, einem ständigen Wandel unterworfen, da auch die Grundüberzeugungen einer

Gesellschaft sich ändern können (z. B. die Einstellung zu nichtehelichen Lebensgemeinschaften).
Neben der freien Entfaltung der Persönlichkeit enthält dieser Artikel des GG das **Recht auf Leben und körperliche Unversehrtheit.** Welche Bedeutung diese Rechte gerade auch für Behinderte haben, führen die Programme zur „Euthanasie" und „Ausmerzung lebensunwerten Lebens" während der Zeit des Nationalsozialismus vor Augen. Aufgrund dieser Erfahrungen wurde das Recht auf Leben in das GG aufgenommen und damit seine uneingeschränkte Gültigkeit als Grundrecht festgelegt. Das Recht auf Leben und körperliche Unversehrtheit (Art. 2 II S. 1 GG) hängt auch mit den Fragen der gerade heute heftig diskutierten „Sterbehilfe" zusammen.
Der Begriff „Sterbehilfe" umfasst vier Formen des Handelns bzw. Unterlassens:

Recht auf Leben und körperliche Unversehrtheit

(1) Aktive Sterbehilfe

Darunter versteht man alle **aktiven** Maßnahmen eines Arztes, die darauf abzielen, den Eintritt des Todes zu beschleunigen. Diese Maßnahmen stellen in jedem Fall eine strafbare Handlung dar, selbst dann, wenn der Patient sie will. § 216 I StGB bestimmt: „Ist jemand durch das ausdrückliche und ernstliche Verlangen des Getöteten zur Tötung bestimmt worden, so ist auf Freiheitsstrafe von sechs Monaten bis zu fünf Jahren zu erkennen."

Aktive Sterbehilfe

(2) Passive Sterbehilfe

Anders zu beurteilen ist die **passive** Sterbehilfe. Diese ist dann zulässig, wenn es sich um einen Patienten handelt, der sich bereits in einem akuten Sterbeprozess befindet. Unter passiver Sterbehilfe versteht man die Nichteinleitung oder den Abbruch lebensverlängernder Maßnahmen. Entscheidend ist dabei der geäußerte oder mutmaßliche Wille (= Einwilligung) des Sterbenden (Selbstbestimmungsrecht des Patienten). Ein Patient kann für einen solchen Fall durch eine sogenannte „Patientenverfügung" Vorsorge treffen. Der Bundestag hat am 18. Juni 2009 ein Gesetz beschlossen, welches die Grundsätze für eine **Patientenverfügung** festlegt und damit mehr Rechtssicherheit im Hinblick auf das Selbstbestimmungsrecht des Menschen schafft.

Passive Sterbehilfe

Patientenverfügung

Das Gesetz tritt am 1. September 2009 in Kraft.

Die Gültigkeit bisheriger Patientenverfügungen besteht weiter.

Wichtig ist, dass eine Patientenverfügung gilt, wenn die Krankheit nicht unumkehrbar tödlich verläuft.

a) Ein **einwilligungsfähiger Volljähriger** kann für den Fall seiner Einwilligungsunfähigkeit **schriftlich** festlegen, „ob er in bestimmte, zum Zeitpunkt der Festlegung noch nicht unmittelbar bevorstehende Untersuchungen seines Gesundheitszustandes, Heilbehandlungen oder ärztliche Eingriffe einwilligt oder sie untersagt (Patientenverfügung)". Eine solche Patientenverfügung kann jederzeit formlos widerrufen werden (§ 1901 a I BGB).

b) Der **Betreuer** oder **Bevollmächtigte** prüft im konkreten Fall, „ob diese Festlegungen auf die aktuelle Lebens- und Behandlungssituation" zutreffen, wenn ja, muss er dem Willen des Verfügenden Geltung verschaffen (§ 1901 a I BGB). Eine gültige Patientenverfügung ist für Ärzte und Angehörige bindend.

c) Für den Fall, dass keine Patientenverfügung vorliegt, muss versucht werden, „die Behandlungswünsche oder den **mutmaßlichen Willen**" des Betroffenen festzustellen. Der mutmaßliche Wille muss sich aus konkreten Anhaltspunkten ergeben (§ 1901 a II BGB).

d) Für die Einwilligung in Maßnahmen, die mit der Gefahr verbunden sind, dass der Betroffene stirbt oder schwere und länger dauernde gesundheitliche Schäden erleidet, bedarf der Betreuer oder Bevollmächtigte der **Genehmigung des Betreuungsgerichts,** außer es wäre mit dem Aufschub eine Gefahr verbunden (§ 1904 I BGB).

Auch die Nichteinwilligung und der Widerruf der Einwilligung bedürfen der betreuungsgerichtlichen Genehmigung (§ 1994 II BGB). Eine Genehmigung ist allerdings nicht erforderlich, wenn zwischen dem Betreuer bzw. dem Bevollmächtigten und dem behandelnden Arzt Einvernehmen besteht, dass die Entscheidung dem „**festgestellten Willen**" des Betroffenen entspricht (§ 1904 IV BGB).

Ein Bevollmächtigter ist in diesen Fällen nur handlungsberechtigt, wenn die Vollmacht **schriftlich** erteilt ist und diese Maßnahmen **ausdrücklich** umfasst (§ 1904 V BGB).

e) Es gibt keine Verpflichtung, eine Patientenverfügung zu errichten, wenn dies zur Durchsetzung des Patientenwillens auch dringend zu empfehlen ist.

Eine Patientenverfügung darf nicht zu einer Vertragsvoraussetzung (z.b. für die Aufnahme in eine Pflegeeinrichtung) gemacht werden (§ 1901 a IV BGB).

Eine Einwilligung des Patienten ist dann nicht möglich, wenn ihm die notwendige Einsicht fehlt. Dann liegt die Entscheidung bei dem gesetzlichen Vertreter (Eltern, Vormund, Pfleger, Betreuer). Während ein Betreuer seine Einwilligung in eine ärztlicherseits angebotene lebenserhaltende oder -verlängernde Behandlung nur mit Zustimmung des Betreuungsgerichts nach § 1904 BGB wirksam verweigern kann, ist im Minderjährigenbereich bei einer derartigen Entscheidung der Eltern mangels gesetzlicher Regelung keine Zustimmung des Familiengerichts erforderlich (Brdbg-NJW 2000, 2361).

(3) Indirekte Sterbehilfe

Von einer **indirekten** Sterbehilfe spricht man, wenn einem Todkranken schmerzlindernde Medikamente verabreicht werden, welche zwangsläufig einen früheren Eintritt des Todes zur Folge haben. Dies ist unter den Voraussetzungen zulässig, dass dies dem Patientenwillen entspricht, ärztlich geboten ist und der Tod nur um eine kurze Zeit beschleunigt wird. Auch hier geht es um das Recht des Menschen auf ein menschenwürdiges Sterben.

Der Staat hat die Verpflichtung, das Leben des Einzelnen zu schützen. Dies gilt auch schon für den Fötus (vgl. die strafrechtlichen Regelungen zum Schwangerschaftsabbruch).

Körperliche Unversehrtheit ist identisch mit dem Begriff „Gesundheit" und bezieht sich nicht nur auf den körperlichen, sondern auch auf den geistig-seelischen Bereich. Die Rechtswidrigkeit eines Eingriffs (z. B. auch durch Psychopharmaka) wird durch die **Einwilligung** des Patienten (bzw. des gesetzlichen Vertreters) ausgeschlossen. Die Einwilligung hängt entscheidend davon ab, dass der Patient Art, Umfang, Folgen und Nebenwirkungen des Eingriffs nach entsprechender Aufklärung erkennen und sich frei entscheiden kann. Die Einwilligung hängt nicht vom Bestehen der vollen Geschäftsfähigkeit, sondern nur von der **Einsichtsfähigkeit** ab.

(4) Behandlungsabbruch

Ein **Behandlungsabbruch** ist dann kein Fall der passiven Sterbehilfe, wenn der Sterbevorgang noch nicht eingesetzt hat, z. B. bei einer irreversiblen Bewusstlosigkeit. Rechtlich zulässig ist der Behandlungsabbruch nur dann, wenn der Patient wirksam eingewilligt hat oder der Behandlungsabbruch seinem mutmaßlichen Willen entspricht. Auch der gerichtlich bestellte Betreuer kann mit gerichtlicher Genehmigung die Einwilligung erteilen (§ 1901 BGB). Wichtige Anhaltspunkte für diesen gesamten Bereich geben die Grundsätze der Bundesärztekammer vom 11.9.1998 für die Sterbebegleitung.

Der dritte Aspekt des Art. 2 GG schützt vor ungerechtfertigten Eingriffen in die Freiheit der Person.

Freiheit der Person

Art. 2 (2) S. 2 GG bestimmt: **„Die Freiheit der Person ist unverletzlich."** Hier geht es um die Gewährleistung der Bewegungsfreiheit im räumlichen Sinn. Dabei ist zwischen **Freiheitsentziehung** und **Freiheitsbeschränkung** zu unterscheiden.

Freiheitsbeschränkung

Freiheitsbeschränkungen können gerade im erzieherischen Bereich notwendig sein, um pädagogische Zielsetzungen abzusichern. Es handelt sich um die dem **Alter** und **Entwicklungsstand** des Minderjährigen entsprechenden üblichen Freiheitsbeschränkungen (z. B. Einschränkung des Ausgangs auf bestimmte Zeiten).

Freiheitsentziehung

Besondere Aufmerksamkeit ist gerade für Mitarbeiter in pädagogischen Institutionen und Behinderteneinrichtungen geboten, wenn es um den sensiblen Bereich der **Freiheitsentziehung** geht (Art. 104 II GG). Unter Freiheitsentziehung ist jeder Eingriff **gegen** oder **ohne** den Willen des Betroffenen in dessen persönliche Freiheit von entsprechender **Stärke** und **Dauer** anzusehen (z. B. die zwangsweise Unterbringung eines psychisch Kranken in der geschlossenen Abteilung einer psychiatrischen Klinik).

Einwilligung des Betroffenen

Wenn der Betroffene einsichtsfähig und mit der Freiheitsentziehung einverstanden ist, ist dies rechtlich unbedenklich und bedarf keiner richterlichen Genehmigung.

Gesetzliche Grundlage

Art. 104 (1) GG bestimmt, dass die Freiheit nur auf Grund eines **Gesetzes** entzogen werden kann (z. B. bedarf die Unterbringung eines Minderjährigen, die mit Freiheitsentziehung verbunden ist, nach dem § 1631 b BGB der Genehmigung des Familiengerichts, wobei nicht das Familiengericht selbst die Unterbringung veranlasst, sondern die Entscheidung des gesetzlichen Vertreters genehmigt). Für eine mit Freiheitsentziehung verbundene Unterbringung sind auch die jeweiligen **landesrechtlichen** Unterbringungsgesetze von Bedeutung.

Zweck der landesrechtlichen Unterbringungsvorschriften sind der Schutz der öffentlichen Sicherheit und Ordnung. Dies soll anhand des bayerischen Unterbringungsgesetzes (UnterbrG) verdeutlicht werden. Das UnterbrG bezieht sich auf den Personenkreis der psychisch Kranken bzw. der infolge Geistesschwäche oder Sucht Gestörten. Diese können gegen oder ohne ihren Willen in einem psychiatrischen Krankenhaus oder einer geeigneten Einrichtung untergebracht werden (Art. 1 I S. 1 UnterbrG). Das ist auch dann möglich, wenn jemand sein Leben oder in erheblichem Maß seine Gesundheit gefährdet (§ 1 I S. 2 UnterbrG). Eine Unterbringung darf nur erfolgen, wenn keine anderen ausreichenden Hilfen zur Verfügung stehen, z. B. durch ambulante Dienste (vgl. Art. 3 UnterbrG). Die Anordnung der Unterbringung erfolgt auf Antrag der Kreisverwaltungsbehörde (Art. 5 UnterbrG) durch das zuständige Betreuungsgericht (§§ 312 ff. FamFG). Die Ausführung der Unterbringung erfolgt durch die Kreisverwaltungsbehörde, welche von der Polizei unterstützt werden kann (Art. 8 UnterbrG).

Bei Gefahr im Verzug kann die Unterbringung auch auf Grund einer gerichtlichen **einstweiligen Anordnung** erfolgen (§ 332 FamFG). Wenn auch dies aus zeitlichen Gründen nicht möglich ist, kann die Kreisverwaltungsbehörde die vorläufige Unterbringung anordnen und vollziehen bei unverzüglicher Verständigung des Gerichts (Art. 10 I UnterbrG).

Einstweilige Anordnung

Der Leiter der Betreuungseinrichtung und die Kreisverwaltungsbehörde haben unverzüglich das Gericht zu verständigen, wenn die Unterbringungsvoraussetzungen nicht mehr gegeben sind (§ 24 I UnterbrG).

Im Übrigen muss das Gericht bei seiner Entscheidung den Zeitpunkt der Beendigung der Maßnahme festlegen, wenn die Maßnahme nicht vorher verlängert wird (§ 323 Nr. 2 FamFG). Nach § 329 I (1) FamFG endet die Unterbringung spätestens mit Ablauf eines Jahres, bei offensichtlich langer Unterbringungsbedürftigkeit spätestens mit Ablauf von zwei Jahren, wenn sie nicht vorher verlängert wird.

Über die **Zulässigkeit** und **Fortdauer** der Freiheitsentziehung kann nur der zuständige **Richter** entscheiden. Bei Gefahr im Verzug muss die richterliche Genehmigung unverzüglich nachgeholt werden (Art. 104 [2] S. 1, 2 GG). Handelt es sich um eine **einmalige** Freiheitsentziehung, die nur **kurze Zeit** dauert, bedarf es keiner richterlichen Genehmigung. Bei längerer Freiheitsentziehung oder bei Wiederholungsgefahr muss eine richterliche Entscheidung herbeigeführt werden (vgl. dazu im Rahmen des Betreuungsrechts die Regelung des § 1906 IV BGB).

Richterliche Entscheidung

Körperlicher Zwang Die Freiheit des Einzelnen wird auch durch **körperlichen Zwang** beeinflusst. Dieser ist zulässig,

(1) um den Betreuten daran zu hindern, Leben und Gesundheit der eigenen Person oder anderer Personen unmittelbar zu gefährden;
(2) um einer tiefgreifenden Störung der Gemeinschaft entgegenzuwirken;
(3) um Maßnahmen durchzuführen, die zur Aufrechterhaltung der Sicherheit und Ordnung unumgänglich sind (z. B. Durchsuchung nach Waffen);
(4) um eine **vorübergehende Absonderung** durchzuführen. Eine vorübergehende Absonderung ist in der Regel keine Freiheitsentziehung und in begründeten Fällen zulässig (z. B. zur Verhinderung von Gewalttätigkeiten). Zwangsmaßnahmen sollen aus Sicherheits- und Beweisgründen, soweit möglich, von mindestens zwei Betreuungskräften durchgeführt werden. Sofern erforderlich, ist der/die Betreute nach Anwendung des körperlichen Zwangs ärztlich zu untersuchen.

Die Fixierung aggressiver oder autoaggressiver Personen (z. B. an das Bett) stellt eine Freiheitsentziehung dar. Damit wird es ihnen unmöglich gemacht, ihren Aufenthaltsort zu verändern. Falls dies widerrechtlich geschieht, ist der Tatbestand der Freiheitsberaubung nach § 239 StGB erfüllt. Dieser liegt im Übrigen auch dann vor, wenn jemand durch Medikamente oder durch Wegnahme von zur Fortbewegung notwendiger Gegenstände (z. B. der Brille oder des Rollstuhls) daran gehindert wird, seinen Aufenthaltsort zu verlassen.

Eine Freiheitsentziehung liegt selbstverständlich nicht vor, wenn der Betroffene bzw. sein gesetzlicher Vertreter in die Maßnahme eingewilligt haben.

Die Freiheitsentziehung ist im Übrigen dann gerechtfertigt, wenn sie gerichtlich genehmigt ist oder wenn sie in **Notwehr** begangen wird.

Notwehr Notwehr ist nach § 32 II StGB diejenige Verteidigung, die erforderlich ist, um einen gegenwärtigen rechtswidrigen Angriff von sich oder einem anderen abzuwehren.

Rechtfertigender Notstand Des Weiteren könnte auch ein **rechtfertigender Notstand** im Sinne des § 34 StGB vorliegen. Es muss dabei eine akute Gefahr für Leib und Leben gegeben sein, die nicht anders abwendbar ist und das Interesse der betreffenden Person an ihrer Freiheit überwiegt.

Fall:

In einem Wohnheim für Behinderte wird der 37jährige A betreut. Als diesem durch einen plötzlichen Zustand der Unruhe und Verwirrtheit die Gefahr einer erheblichen Verletzung droht, bringt ihn der Gruppenleiter in sein Zimmer und fixiert ihn dort am Bett, bis sein Erregungszustand abgeklungen ist.

Als der Betreuer des A von dem Vorfall erfährt, prüft er, ob hier eine rechtswidrige Freiheitsentziehung vorliegt.

Lösung:

Eine Freiheitsberaubung im Sinne des § 239 StGB ist nicht gegeben, weil der Gruppenleiter nicht rechtswidrig gehandelt hat. Er hat das getan, was zur Abwendung der aktuellen Gefahr notwendig war. Es hat sich hier um einen Notstand gehandelt, welcher das Handeln des Gruppenleiters gerechtfertigt hat (§ 34 StGB). Die vorgenommene Freiheitsentziehung ist gegenüber dem Schutz vor erheblichen Verletzungen als geringerwertig anzusehen.

Recht auf freie Meinungsäußerung (Art. 5 [1] GG)

Art. 5 (1) GG beinhaltet u. a. das Grundrecht, seine Meinung frei zu äußern und zu verbreiten. Es geht hier insbesondere um Werturteile zu den verschiedensten Sachverhalten, wobei es nicht darauf ankommt, ob die Meinungsäußerung objektiv richtig oder falsch ist.

Die **Grenzen** der Meinungsäußerung sind in Art. 5 (2) GG umschrieben. Das GG bezeichnet sie als Schranken. Diese liegen einmal in den betreffenden Vorschriften der allgemeinen Gesetze, welche grundsätzlich das Recht auf freie Meinungsäußerung respektieren, aber auch dem Schutz eines höheren Rechtsgutes den Vorrang einräumen müssen (z. B. Strafbarkeit der Verunglimpfung des Staates – § 90 a StGB). Eine weitere Schranke sind die gesetzlichen Bestimmungen zum Schutze der Jugend (z. B. die Bestimmungen über den Jugendschutz im Bereich der Medien – §§ 11ff JuSchG) und der Schutz der persönlichen Ehre (z. B. Schutz vor Beleidigung, übler Nachrede und Verleumdung – §§ 185, 186, 187 StGB, 823 BGB).

Marginalie: Freie Meinungsäußerung

Marginalie: Grenzen

Recht auf ungehinderte Information (Art. 5 [1] GG)

Dieses Grundrecht schützt das Recht, **„sich aus allgemein zugänglichen Quellen** ungehindert zu unterrichten". Gemeint sind hier alle

Marginalie: Ungehinderte Information

Informationsquellen, die für die Allgemeinheit zugänglich sind. Es ist nun denkbar, dass gegebenenfalls gerade für junge Menschen gewisse Einschränkungen notwendig werden, wenn ansonsten schädliche Auswirkungen auf den Erziehungsprozess zu erwarten sind.

Fall:

In einer stationären Einrichtung für junge Menschen möchte die von Ihnen geleitete Gruppe eine bestimmte Fernsehsendung sehen, die aus Ihrer Sicht zu viele Gewaltszenen enthält und daher pädagogisch für diese Altersgruppe ungeeignet ist. Sie schließen den Fernsehschrank deshalb ab.
Wie ist Ihre Handlung auf dem Hintergrund des Rechts auf ungehinderte Information zu beurteilen?

Lösung:

Die zweifellos vorliegende Einschränkung der Informationsfreiheit ist dann gerechtfertigt, wenn zu befürchten ist, dass die in dieser Sendung gezeigten Gewaltszenen auch als Muster für eigene Konfliktlösungsstrategien verwendet werden.

Glaubens-, Bekenntnis- und Gewissensfreiheit

Glaubens-, Bekenntnis- und Gewissensfreiheit (Art. 4 [1] GG)

Art. 4 (1) GG gewährleistet folgende Grundrechte: Glaubens- und Bekenntnisfreiheit, Gewissensfreiheit. Das Recht auf Glaubensfreiheit und die Freiheit des religiösen und weltanschaulichen Bekenntnisses schützt die frei zu bildende **Überzeugung** des Einzelnen in diesem Bereich. Er hat damit auch das Recht, **keiner** Religions- oder Weltanschauungsgemeinschaft anzugehören. Die Freiheit schließt auch das Recht ein, seine Überzeugung **nach außen darzulegen.** Die Gewissensfreiheit garantiert eine Entscheidung, die sich nach den Kategorien „gut" und „böse" orientiert und die der Einzelne als für sich bindend erfährt. Einen typischen Fall der Gewissensfreiheit normiert Art. 4 (3) GG, wonach niemand **gegen sein Gewissen** zum Kriegsdienst mit der Waffe gezwungen werden darf. Von allgemeinen Rechtspflichten, wie sie z. B. die Straßenverkehrsordnung auferlegt, kann sich der Einzelne nicht mit Berufung auf seine Gewissensentscheidung dispensieren. Das Grundrecht der Glaubens- und Bekenntnisfreiheit wird durch eine stationäre Unterbringung in einer weltanschaulich geprägten Einrichtung grundsätzlich nicht eingeschränkt. Es darf kein Zwang ausgeübt werden. Die Einrichtung ist berechtigt, entsprechende **Angebote** zu machen. Auch die Betreuungspersonen haben selbstverständlich das Recht, ihre religiöse und weltanschauliche Überzeugung **erkennbar** zu machen.

Fall:
In einem Berufsbildungswerk für lernbehinderte Jugendliche, das einen katholischen Träger hat, wird erwartet, dass die katholischen Jugendlichen regelmäßig am Sonntagsgottesdienst teilnehmen. Der 16jährige A weigert sich. Die für die Gruppe zuständige Heilerziehungspflegerin überlegt, welche Sanktionen sie gegen A ergreifen kann, um ihn zum Gottesdienstbesuch zu veranlassen. Wie stellt sich die Rechtslage nach dem GG dar?

Lösung:
Art. 4 GG enthält auch die negative Religionsfreiheit, welche darin besteht, religiöse Handlungen zu unterlassen. Da A mit 16 Jahren durchaus in der Lage ist, sich selbst ein Urteil zu bilden, darf er nicht durch Sanktionen gezwungen werden, den Gottesdienst zu besuchen. Im Übrigen besteht ab dem 14. Lebensjahr die Religionsmündigkeit.

Schutz des Brief- und Fernmeldegeheimnisses (Art. 10 GG)

Brief- und Fernmeldegeheimnis

Es handelt sich hier primär um typische Abwehrrechte gegen den Staat, die verbieten, dass die öffentliche Gewalt unbefugt Einblick in den privaten Brief- und Fernmeldeverkehr erhält. Dieses Grundrecht hat aber auch Auswirkungen auf den zivilrechtlichen Bereich und damit auch auf das Verhältnis Eltern – Kinder sowie Berufserzieher – Betreute. Hier kann sich aus dem Grundsatz der Güterabwägung die Notwendigkeit einer Kontrolle ergeben, um z. B. negative Auswirkungen auf den Erziehungsprozess zu verhindern.

Notwendigkeit einer Kontrolle

Das Briefgeheimnis wird auch durch das Strafrecht geschützt (§ 202 StGB).

Fall:
Sie betreuen in einer stationären Einrichtung ein 16-jähriges Mädchen, bei dem in letzter Zeit Verhaltensweisen festgestellt werden, die auf Drogenkonsum schließen lassen. Da das Mädchen immer wieder Briefe ohne Absenderangabe erhält, besteht der Verdacht,

dass diese Briefe Drogen enthalten. Darf in das Briefgeheimnis hier dadurch eingegriffen werden, dass die Briefe geöffnet werden und ihr Inhalt kontrolliert wird?

Lösung:

Da hier der dringende Verdacht besteht, dass illegale Drogen auf brieflichem Weg befördert werden, ist schon aus dem Erziehungsrecht und der Erziehungspflicht heraus die Briefkontrolle gerechtfertigt, d. h. das Mädchen muss insoweit die Einschränkung des Briefgeheimnisses hinnehmen.

Wahl des Berufs und der Ausbildungsstätte

Freiheit der Berufswahl und der Ausbildungsstätte (Art. 12 GG)

Alle Deutschen haben das Recht, ihren Beruf und ihre Ausbildungsstätte frei zu wählen (Art. 12 [1] GG). Bei der Wahl der Ausbildung müssen die Begabung und die Fähigkeiten den beruflichen Anforderungen entsprechen, insbesondere bei der Ausbildung von Behinderten, z. B. in Berufsbildungswerken. Gerade bei stationären Einrichtungen, in denen Jugendliche untergebracht sind, die innerhalb oder außerhalb der Einrichtung eine Ausbildung machen können, besteht die Verpflichtung, mit dem Jugendlichen, den Sorgeberechtigten und der Berufsberatung die richtige Berufswahl vorzubereiten. Eine wichtige Grundlage bildet für den Bereich der elterlichen Sorge die Bestimmung des § 1631 a BGB.

Vereinsfreiheit

Vereinsfreiheit (Art. 9 GG)

In stationären Einrichtungen stellt sich die Frage, inwieweit gerade auch junge Menschen Vereinen außerhalb der Einrichtung angehören können (z. B. einem Fußballverein). Diese Frage muss vom Grundrecht her grundsätzlich bejaht werden. Eine Einschränkung kann aber durch pädagogische Notwendigkeiten gerechtfertigt sein, die sich z. B. aus der Ordnung der Einrichtung ergeben (z. B. regelmäßige Überschneidung mit bestimmten Gruppenaktivitäten in der Einrichtung).

Versammlungsfreiheit

Versammlungsfreiheit (Art. 8 GG)

Dieses Grundrecht steht allen Deutschen zu, auch Minderjährigen. Für Versammlungen in stationären Einrichtungen gilt aber, dass diese Versammlungen mit der jeweiligen Hausordnung in Einklang stehen müssen.

Gewährleistung des Eigentums (Art. 14 GG)

Das Zusammenleben von Menschen auf begrenztem Raum, wie es in Betreuungseinrichtungen der Fall ist, kann Schranken in der **Nutzung** des Eigentums erforderlich machen (z. B. von eigenen Radiogeräten in einer Werkstatt für behinderte Menschen, weil dadurch unter Umständen das Arbeiten in einem gemeinsamen Arbeitsraum erheblich beeinträchtigt wird).

2.9 Übungsfragen

1. Was sind „Grundrechte"?
2. Welche Funktion haben Grundrechte?
3. Worin besteht die Grundrechtsfähigkeit?
4. Was unterscheidet die Grundrechtsfähigkeit von der Grundrechtsmündigkeit?
5. Gibt es für die Grundrechtsmündigkeit Einschränkungen? Nennen Sie ein Beispiel!
6. Wo liegen die Schranken für die Ausübung der Grundrechte?
7. Wie kann die Einhaltung der Grundrechte kontrolliert werden?
8. Wie wird rechtlich eine Kollision von Grundrechten gelöst?
9. Gegen welche Grundrechte verstößt eine körperliche Züchtigung durch Heilerziehungspfleger bzw. -helfer?
10. Erläutern Sie den Begriff „Freiheitsentziehung"!
11. Unter welchen Voraussetzungen ist eine Freiheitsentziehung zulässig?
12. Wann darf körperlicher Zwang angewendet werden?
13. Kann die Informationsfreiheit eingeschränkt werden?
14. Wird durch eine Unterbringung in einer weltanschaulich geprägten Einrichtung die Glaubens- und Bekenntnisfreiheit berührt? Welche diesbezüglichen Rechte haben die Einrichtung und die Betreuer?
15. Ist die Einschränkung des Briefgeheimnisses möglich?
16. Welchen Schranken unterliegt die Benutzung von Privateigentum bei einer Unterbringung in einer Einrichtung?

2.10 Weiterführende Literatur

Jarass/Pieroth, Grundgesetz für die Bundesrepublik Deutschland, 9. Auflage, München 2007
Mannssen, Staatsrecht II, Grundrechte, 5. Auflage, München 2007

3. GESCHÄFTSFÄHIGKEIT

Lernziele:
Auch die durch Heilerziehungspfleger bzw. -helfer betreute Personengruppe nimmt in verschiedenen Formen am Rechtsverkehr teil. Deshalb ist es notwendig, über ein Grundwissen darüber zu verfügen, wann Minderjährige und behinderte Volljährige selbst rechtswirksam handeln können und wie rechtlich eine abgestufte Form der Mitwirkung gestaltet ist

3.1 Begriff

Geschäfts-
fähigkeit

Das Wort „Geschäftsfähigkeit" ist aus zwei Teilen zusammengesetzt: Geschäfts-fähigkeit. Es deutet auf den übergeordneten Begriff **Handlungsfähigkeit** hin, d. h. die betreffende Person ist in der Lage, **selbständig** im Rechtsverkehr zu handeln. Dass dies bei einem Minderjährigen oder behinderten Volljährigen nicht ohne weiteres der Fall sein kann, ist schon aus Gründen der Rechtssicherheit verständlich. Die Handlungsfähigkeit gliedert sich in Geschäftsfähigkeit und Deliktsfähigkeit (s. Kap. II 4).

Das BGB sagt nicht, was Geschäftsfähigkeit bedeutet, es enthält nur Regelungen für den Fall des Fehlens oder der Einschränkung der Geschäftsfähigkeit. Um das Ganze verstehen zu können, ist es notwendig, auch den Begriff **Rechtsgeschäft** zu kennen. Eng verbunden

Rechts-
geschäft
Willens-
erklärung

mit dem Begriff „Rechtsgeschäft" ist der Begriff **Willenserklärung,** weil mindestens eine Willenserklärung für das Zustandekommen des Rechtsgeschäfts notwendig ist. Eine Willenserklärung in diesem Sinne ist aber nur gegeben, wenn daran rechtliche Wirkungen geknüpft sind. (Die Äußerung, einen Spaziergang machen zu wollen, ist zwar eine Willenserklärung, aber ohne jegliche rechtliche Konsequenz.)
Hat eine Willenserklärung eine rechtliche Auswirkung, so spricht man von einem Rechtsgeschäft. Gerade im Hinblick auf beschränkt

44

geschäftsfähige Minderjährige und solche Volljährige, bei denen ein Einwilligungsvorbehalt angeordnet wurde, ist folgende Unterscheidung von Bedeutung:

Einseitige Rechtsgeschäfte

Bei einseitigen Rechtsgeschäften liegt nur **eine** Willenserklärung vor. Ein typischer Fall ist z. B. die Kündigung eines Arbeits- oder Mietverhältnisses. Hier kommt es, soweit es sich um eine empfangsbedürftige Willenserklärung handelt, nicht darauf an, ob der Empfänger mit der Erklärung einverstanden ist. Es genügt, dass sie ihm zugeht. Eine nicht empfangsbedürftige Willenserklärung wird mit der Abgabe wirksam, z. B. ein Testament mit der Abfassung.

Einseitige Rechtsgeschäfte

Zwei- oder mehrseitige Rechtsgeschäfte

Hier müssen die Willenserklärungen einander entsprechen. Dann handelt es sich um einen **Vertrag.** Bei Verträgen sind mindestens die übereinstimmenden Willenserklärungen von zwei Personen erforderlich, z. B. wird beim Kauf einer Sache ein gegenseitiger Vertrag abgeschlossen, weil hier Leistung und Gegenleistung einander gegenüberstehen.

Zudem wird – für den nicht juristisch Vorgebildeten schwer verständlich – zwischen **Verpflichtungsgeschäft** und **Verfügungsgeschäft** unterschieden, wie an dem nachfolgenden Fall dargestellt wird.

Zwei- oder mehrseitige Rechtsgeschäfte

Vertrag

Verpflichtungsgeschäft Verfügungsgeschäft

Fall:
Sie bestellen bei der Fa. V anlässlich der Vorführung einer Küchenmaschine diese zur Lieferung in drei Monaten. Diese Bestellung stellt sich rechtlich als ein Kaufvertrag dar, welcher die Verkäuferin der Küchenmaschine **verpflichtet,** Ihnen das Eigentum an der Küchenmaschine zu übertragen, und Sie verpflichtet, die Küchenmaschine abzunehmen und den vereinbarten Kaufpreis zu bezahlen. Dieser Kaufvertrag stellt das sogenannte **Verpflichtungsgeschäft** dar (§ 433 BGB). Damit ist aber die Küchenmaschine noch nicht Ihr Eigentum. Das Eigentum wird Ihnen erst Zug um Zug gegen Zahlung des Kaufpreises durch einen gesonderten Rechtsakt, nämlich das **Verfügungsgeschäft,** übertragen.

Verpflichtungsgeschäft und Verfügungsgeschäft sind rechtlich voneinander unabhängig. Die Unwirksamkeit des einen führt nicht automatisch zur Unwirksamkeit des anderen, was gerade bei Verträgen mit beschränkt Geschäftsfähigen von Bedeutung sein kann.

Fall:

Der 17-jährige A hat von seinem Freund B (19 Jahre) eine Armbanduhr für 50 EUR gekauft und diese bereits in Gebrauch. Als A danach von seinen Eltern das Geld zur Bezahlung des Kaufpreises haben möchte, lehnen diese ab. Wie ist die Rechtslage?

Lösung:

Der Kaufvertrag (= Verpflichtungsgeschäft) ist durch Verweigerung der Genehmigung durch die Eltern unwirksam (§ 108 I BGB). Die erfolgte Übereignung (= Verfügungsgeschäft) der Armbanduhr ist dagegen wirksam, da die Übereignung als solche ein reines Vorteilsgeschäft darstellt, das nach § 107 BGB wirksam ist. Es muss also eine „Rückübereignung" mit Zustimmung der Eltern stattfinden (§ 812 BGB).

Geschäfts-
unfähigkeit

3.2 Geschäftsunfähigkeit

Es ist im Sinne der Rechtssicherheit einleuchtend, dass z. B. schwer geistig Behinderte viele Rechtshandlungen nicht selbst vornehmen können. Für sie muss ihr gesetzlicher Vertreter handeln; dasselbe gilt für kleinere Kinder. Das Gesetz sieht folgende Personen als **geschäftsunfähig** an:

(1) wer das **siebte Lebensjahr** noch nicht vollendet hat (§ 104 Nr. 1 BGB). Es kommt dabei nicht auf den individuellen Entwicklungsstand des Kindes an.

(2) wer an einer **krankhaften Störung der Geistestätigkeit** leidet, welche die **freie Willensbestimmung** ausschließt (§ 104 Nr. 2 BGB). Darunter sind nicht nur psychisch Kranke oder Geisteskranke zu verstehen, sondern auch Geistesschwache.

Es muss sich um einen Zustand von **längerer Dauer** handeln. Bei einem Zustand von **vorübergehender** Dauer, z. B. Bewusstseinstrübungen durch die Einnahme von Drogen oder erheblichen Alkohol-

genuss, kann eine Willenserklärung ebenfalls unwirksam sein (§ 105 II BGB).
Oft wird dabei übersehen, dass der Zustand zum **Ausschluss des freien Willens** führen muss. Ein solcher Ausschluss ist nur dann gegeben, wenn die Störung dazu führt, dass der Betreffende Entscheidungen nicht mehr von **vernünftigen Überlegungen** abhängig machen kann. Nach der Rechtsprechung genügen bloße Willensschwäche oder leichte Beeinflussbarkeit nicht. Andererseits lässt die Rechtsprechung aber eine **partielle Geschäftsunfähigkeit** zu, die sich auf bestimmte Bereiche, z. B. spezielle Vermögensangelegenheiten bezieht. Wichtig ist in diesem Zusammenhang, dass der **gute Glaube** an die Geschäftsfähigkeit nicht geschützt wird, wenn der Geschäftspartner z. B. die Geisteskrankheit des anderen Teils nicht erkennt oder den Minderjährigen für volljährig hält. Die Rechtsordnung räumt dem Schutz des Geschäftsunfähigen oder beschränkt Geschäftsfähigen den Vorrang vor den Interessen des Geschäftspartners ein.

partielle Geschäftsunfähigkeit

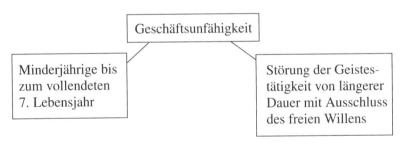

Geschäftsunfähigkeit	
Minderjährige bis zum vollendeten 7. Lebensjahr	Störung der Geistestätigkeit von längerer Dauer mit Ausschluss des freien Willens

Auswirkungen der Geschäftsunfähigkeit

Das BGB (§ 105 I) stellt lapidar fest, dass die Willenserklärungen von Geschäftsunfähigen **nichtig** sind, also keinerlei Rechtswirkungen erzeugen können. Dies gilt im Übrigen auch dann, wenn diese Willenserklärungen nur einen rechtlichen Vorteil bringen.

Nichtigkeit von Willenserklärungen

§ 105 BGB:
„(1) Die Willenserklärung eines Geschäftsunfähigen ist nichtig.
(2) Nichtig ist auch eine Willenserklärung, die im Zustande der Bewusstlosigkeit oder vorübergehenden Störung der Geistestätigkeit abgegeben wird."
Diese Vorschrift erfährt durch § 105a BGB eine Einschränkung, der sich ausschließlich auf **volljährige** Geschäftsunfähige bezieht. Sofern diese ein **Geschäft des täglichen Lebens** in Form eines **Vertrages**

vornehmen, das mit **geringfügigen** Mitteln bewirkt wird, gilt dieses Geschäft als wirksam, sobald Leistung und gegebenenfalls Gegenleistung bewirkt sind.

Dies trifft allerdings dann nicht zu, wenn dadurch eine **erhebliche** Gefahr für die Person oder das Vermögen des Geschäftsunfähigen besteht (z.b. Kauf von Alkoholika durch einen Alkoholkranken).

Auch die Abgabe einer Willenserklärung **gegenüber** einem Geschäftsunfähigen ist aus Gründen der Rechtssicherheit solange nicht wirksam, bis sie dem gesetzlichen Vertreter zugeht (§ 131 I BGB).

Fall:

Sie betreuen in einer Einrichtung einen geistig behinderten jungen Mann (23), dessen Behinderung aber nach außen nicht sofort erkennbar ist. Dieser junge Mann kauft in einem Elektrogeschäft einen Kassettenrecorder für 200 EUR, zahlt von seinem Taschengeld 20 EUR an und verpflichtet sich, neun weitere Raten von je 20 EUR zu zahlen. Er nimmt den Kassettenrecorder gleich mit. Als Sie davon erfahren, fragen Sie sich, ob der Kauf wirksam ist.

Lösung:

Zuerst muss die Frage der Geschäftsfähigkeit geklärt werden. Wenn der junge Mann geschäftsunfähig im Sinne des § 104 Nr. 2 BGB ist, wozu die Beweislast bei ihm liegt (da Geschäftsunfähigkeit die Ausnahme ist), ist der Kaufvertrag nach § 105 I BGB unwirksam. Sollte der Verkäufer einwenden, er habe die Geschäftsunfähigkeit nicht erkennen können, so ist diese Einwendung rechtlich unerheblich, weil hier der gute Glaube des Verkäufers nicht geschützt ist. Es muss eine Rückabwicklung erfolgen. Der junge Mann muss den Kassettenrecorder zurückgeben, und der Verkäufer muss die bisher erhaltenen Beträge zurückzahlen, weil jeder ohne Rechtsgrund etwas erlangt hat (§ 812 BGB).

3.3 Beschränkte Geschäftsfähigkeit bei Minderjährigen

Beschränkte Geschäfts- fähigkeit bei Minder- jährigen

Der Gesetzgeber geht davon aus, dass mit zunehmendem Alter die Handlungsfähigkeit erweitert werden muss, damit der Minderjährige auch im Rechtsbereich in die Selbstständigkeit hineinwächst. Er hat deshalb das Rechtsinstitut der **beschränkten Geschäftsfähigkeit** geschaffen. Schon der Begriff deutet darauf hin, dass hier ein gewisses Maß an Geschäftsfähigkeit gegeben ist.

Grundsätzlich ist die Altersgruppe zwischen dem vollendeten **siebten** bis zum vollendeten **achtzehnten** Lebensjahr als beschränkt geschäftsfähig eingestuft (§ 106 BGB). Mit der Vollendung des 18. Lebensjahres tritt die Volljährigkeit (§ 2 BGB) ein und damit auch die unbeschränkte Geschäftsfähigkeit.

Die beschränkte Geschäftsfähigkeit hat verschiedene **Auswirkungen:** Zunächst ist hier wieder die Unterscheidung in einseitige Rechtsgeschäfte (s. Kap. II 3.1) und Verträge (s. Kap. II 3.1) von Bedeutung. **Einseitige Willenserklärungen** des Minderjährigen sind dann wirksam, wenn die **Einwilligung** (= vorherige Zustimmung) des gesetzlichen Vertreters vorliegt oder sie dem Minderjährigen lediglich einen **rechtlichen Vorteil** bringen (§ 107 BGB).

Handelt es sich um eine **empfangsbedürftige Willenserklärung,** so ist die Vorschrift des § 111 BGB zu beachten, welche wiederum der Rechtssicherheit dient. Gibt der Minderjährige eine empfangsbedürftige Willenserklärung **mit** Einwilligung des gesetzlichen Vertreters ab, so ist diese Erklärung dann unwirksam, wenn die Einwilligung nicht in **schriftlicher Form** vorgelegt wird **und** der andere Teil deswegen die Erklärung zurückweist. Er kann sie allerdings dann nicht mehr zurückweisen, wenn ihm zwischenzeitlich die Einwilligung des gesetzlichen Vertreters vorliegt.

Fall:
In einem Berufsbildungswerk für Lernbehinderte macht die 17-jährige C eine Ausbildung als Beiköchin. Da es ständig Auseinandersetzungen mit ihrer Ausbilderin gibt, erhält die Einrichtungsleitung eines Tages von ihr einen Brief, mit welchem sie das Berufsausbildungsverhältnis kündigt. Ihre Eltern, so schreibt sie, seien damit einverstanden.
Ist die Kündigung wirksam?

Lösung:
Bei der Kündigung handelt es sich um eine einseitige, empfangsbedürftige Willenserklärung. Da C aber beschränkt geschäftsfähig ist, ist sie nur wirksam, wenn die Einwilligung ihrer Eltern als gesetzliche Vertreter vorliegt. Diese Einwilligung hätte sie aber schriftlich vorlegen müssen. Da sie dies nicht getan hat, kann die Einrichtungsleitung die Kündigung unverzüglich (vgl. § 121 I BGB) zurückweisen, soweit nicht bis zu diesem Zeitpunkt die Einwilligung der Eltern vorgelegt wird (§ 111 BGB).

Verträge mit beschränkt Geschäfts- fähigen

Bei **Verträgen** mit beschränkt Geschäftsfähigen ist der Gesetzgeber etwas großzügiger. Zunächst ist es auch hier so, dass ein mit Einwilligung des gesetzlichen Vertreters geschlossener Vertrag von Anfang an wirksam ist. Schließt ein Minderjähriger einen Vertrag **ohne** die Einwilligung ab, so ist der Vertrag nicht nichtig, wie bei einseitigen Willenserklärungen, sondern **schwebend unwirksam**, d. h. der Vertrag ist solange unwirksam, bis die **Genehmigung** (nachträgliche Zustimmung) des gesetzlichen Vertreters vorliegt (§ 108 I BGB). Durch die Genehmigung wird der Vertrag von Anfang an wirksam (§ 184 I BGB). Lehnt der gesetzliche Vertreter dagegen die Genehmigung ab, so tritt die endgültige Unwirksamkeit des Vertrages ein. Es muss nun eine Möglichkeit geben, dass der andere Vertragspartner von sich aus den Schwebezustand beendet. § 108 II BGB gibt ihm das Recht, den gesetzlichen Vertreter aufzufordern, sich zur Frage der Genehmigung zu äußern. Der gesetzliche Vertreter kann in diesem Fall die Äußerung nur gegenüber dem anderen Vertragsteil abgeben, nicht gegenüber dem Minderjährigen. Eine schon vorher dem Minderjährigen gegenüber erklärte Genehmigung oder Verweigerung der Genehmigung ist damit unwirksam. Nach der Aufforderung kann die Genehmigung nur binnen zwei Wochen erklärt werden, andernfalls gilt sie als verweigert.

Ab Eintritt der Volljährigkeit hat der Volljährige selbst die Möglichkeit zu entscheiden, ob er den Vertrag genehmigen will oder nicht (§ 108 III BGB).

Solange der Minderjährige noch nicht gebunden ist, soll auch der Vertragspartner nicht gebunden sein. Er kann deshalb während des Schwebezustandes den Vertrag widerrufen. Dieser Widerruf kann im Gegensatz zur Vorschrift des § 131 II BGB auch gegenüber dem Minderjährigen erfolgen. Der Widerruf ist allerdings dann ausgeschlossen, wenn ihm die Minderjährigkeit seines Vertragspartners bekannt war, es sei denn, dass dieser fälschlicherweise die Einwilligung des gesetzlichen Vertreters behauptet hat. Wenn ihm in diesem Fall das Fehlen der Einwilligung beim Vertragsabschluss bekannt war, kann er ebenfalls nicht widerrufen (§ 109 BGB).

Fall:

Der 16-jährige H kauft, ohne dass seine Eltern etwas davon wissen, von seinem Klassenkameraden F (17 Jahre) mit Einwilligung von dessen Eltern einen gebrauchten PC. Der Kaufpreis

---

beträgt 100 EUR. Als Hans seine Eltern um die Erlaubnis bittet, diesen Betrag von seinem Sparkonto abzuheben, bestehen diese darauf, dass H den PC zurückgibt, weil dieser keine 100 EUR wert sei.
Wie ist die Rechtslage?

Lösung:
Bei dem abgeschlossenen Vertrag handelt es sich um einen Kaufvertrag. Dieser ist schwebend unwirksam, weil eine Einwilligung der Eltern des H zum Zeitpunkt des Abschlusses nicht vorlag. Nachdem diese mit dem Kauf nicht einverstanden sind, also die Genehmigung verweigern, ist der Vertrag endgültig unwirksam (§ 108 BGB). H ist zwar bereits Eigentümer des PC, da dieser ihm von F übergeben wurde und der Eigentumserwerb rechtlich vorteilhaft ist (§ 107 BGB). Der Kaufvertrag ist aber unwirksam. Deshalb muss H den PC auf Grund der vorliegenden ungerechtfertigten Bereicherung (§ 812 BGB) an F zurückgeben.

Im Bereich der beschränkten Geschäftsfähigkeit (nicht der Geschäftsunfähigkeit) bildet der sogenannte „**Taschengeldparagraph**" nur eine scheinbare Ausnahme. Diese Bezeichnung deckt im Übrigen nicht den gesamten Inhalt dieser Bestimmung ab. Nach dem Wortlaut ist ein ohne Einwilligung des gesetzlichen Vertreters abgeschlossener Vertrag dann von Anfang an wirksam, wenn der Minderjährige die vertragsmäßige Leistung mit Mitteln bewirkt, die ihm vom gesetzlichen Vertreter oder mit dessen Zustimmung von einem Dritten **zu diesem Zweck** (z. B. Kauf einer bestimmten Sache) oder **zur freien Verfügung** (hauptsächlich das Taschengeld) überlassen worden sind.
Die vorgenannte scheinbare Ausnahme besteht darin, dass in der Überlassung der Mittel bereits die Einwilligung enthalten ist.
Da der entsprechende Vertrag erst mit dem Bewirken der Leistung wirksam wird, scheiden z. B. Ratenkäufe aus. Für diese gelten die allgemeinen Regeln der §§ 107, 108 BGB.
§ 110 BGB:
„Ein von dem Minderjährigen ohne Zustimmung des gesetzlichen Vertreters geschlossener Vertrag gilt als von Anfang an wirksam, wenn der Minderjährige die vertragsmäßige Leistung mit Mitteln bewirkt, die ihm zu diesem Zweck oder zur freien Verfügung von dem Vertreter

Taschengeld-
paragraph

oder mit dessen Zustimmung von einem Dritten überlassen worden sind."

Fall:

Der 17-jährige A bekommt/erhält von seinen Eltern 300 EUR zum Kauf eines Fahrrades. Kurze Zeit später stellen sie fest, dass sich A für dieses Geld kein Fahrrad, sondern ein gebrauchtes Moped gekauft hat.
Wie ist die Rechtslage?

Lösung:

Die Zweckbestimmung für die Verwendung des Geldes ist nicht erfüllt. Es handelt sich daher um keinen nach § 110 BGB gültigen Kaufvertrag. Der Kaufvertrag ist, da er ohne Einwilligung der Eltern geschlossen wurde, schwebend unwirksam (§ 108 BGB). Die Eltern können sich entscheiden, ob sie den Vertrag genehmigen oder die Genehmigung verweigern.

Werden Willenserklärungen **gegenüber** einem beschränkt Geschäftsfähigen abgegeben, so gilt dasselbe wie bei Geschäftsunfähigen. Sie werden erst mit dem Zugang an den gesetzlichen Vertreter wirksam (§ 131 II BGB). Allerdings gilt hier die Ausnahme, dass Erklärungen dann wirksam sind, wenn sie dem beschränkt Geschäftsfähigen lediglich einen rechtlichen Vorteil bringen (z. B. Bevollmächtigung des beschränkt Geschäftsfähigen) oder die gesetzlichen Vertreter ihre Einwilligung mit dem Zugang dieser Erklärungen erteilt haben.

3.4 Beschränkung der Haftung Minderjähriger

Haftungsbe-
schränkung
bei Minder-
jährigen

Beschrän-
kung auf das
Vermögen
bei Voll-
jährigkeit

Eine neue gesetzliche Regelung, nämlich das Gesetz zur Beschränkung der Haftung Minderjähriger vom 25.8.1998 (MHbeG) sieht vor, dass durch Eltern im Rahmen ihrer gesetzlichen Vertretungsmacht oder sonstige vertretungsberechtigte Personen, z. B. durch den Vormund (§ 1793 II BGB) im Rahmen ihrer Vertretungsmacht eingegangene Verpflichtungen oder Verpflichtungen, die auf einem Erwerb von Todes wegen beruhen, nur bis zur **Höhe des bei Eintritt der Volljährigkeit vorhandenen Vermögens** erfüllt werden müssen (§ 1629 a BGB). Dieselbe Regelung gilt für Verbindlichkeiten aus Rechtsgeschäften, die der Minderjährige selbst mit Zustimmung seiner gesetzlichen Vertreter gemäß den §§ 107, 108, 111 BGB vorgenommen hat. Darüber hinaus sind auch solche Verbindlichkeiten aus Rechtsgeschäften einbezogen, zu denen die gesetzlichen Vertreter die Genehmigung des Familiengerichts erhalten haben (§§ 1643, 1821, 1822 BGB).

Mit dieser neuen gesetzlichen Regelung ist auch zum Ausdruck gebracht, dass die Haftung **während der Minderjährigkeit** nicht begrenzt ist, aber sehr wohl zum **Zeitpunkt der Volljährigkeit**. Das müssen insbesondere Vertragspartner von Minderjährigen berücksichtigen.

Keine Haftungsbeschränkung während der Minderjährigkeit

Nicht begrenzt ist dagegen die Haftung für solche Verbindlichkeiten aus der Zeit der Minderjährigkeit, welche die Abdeckung persönlicher Bedürfnisse zum Gegenstand hatten, und solcher Verbindlichkeiten, die der Minderjährige allein zu vertreten hat, insbesondere aus unerlaubten Handlungen (§§ 823, 828 BGB).

Auch für Verbindlichkeiten, die erst nach **Eintritt der Volljährigkeit** eingegangen wurden, haftet der Volljährige uneingeschränkt.

3.5 Eingeschränkte Geschäftsfähigkeit bei Volljährigen

Eine **Einschränkung** der Geschäftsfähigkeit bei Volljährigen kann nur im Rahmen einer gerichtlich angeordneten **Betreuung** erfolgen. Sofern nicht Geschäftsunfähigkeit nach § 104 Nr. 2 BGB vorliegt, ändert eine Betreuung grundsätzlich nichts an der Geschäftsfähigkeit.

Gerichtlich angeordnete Betreuung

Bei bestehender Geschäftsfähigkeit des Betreuten besteht aber wegen der zur Betreuung führenden Gründe gegebenenfalls die Gefahr einer Selbstschädigung des Betreuten. § 1903 BGB sieht deshalb vor, dass bei Bestehen einer **erheblichen Gefahr** für die **Person** oder das **Vermögen** des Betreuten ein sogenannter **Einwilligungsvorbehalt** durch das Betreuungsgericht angeordnet werden kann. Dieser hat zur Folge, dass der Betreute zur Rechtswirksamkeit einer Willenserklärung in einem Bereich, der zum Wirkungskreis des Betreuers gehört, die Einwilligung bzw. Genehmigung des Betreuers benötigt. Es gelten hierfür die Vorschriften für beschränkt geschäftsfähige Minderjährige (§§ 108–113, 131 II BGB).

Einwilligungsvorbehalt

In **höchstpersönlichen** Angelegenheiten, die in § 1903 BGB bezeichnet sind (Eheschließung, Verfügungen von Todes wegen und weitere familien- und erbrechtliche Angelegenheiten), ist kein Einwilligungsvorbehalt möglich. Ein solcher kann sich auch analog § 107 BGB nicht auf Angelegenheiten beziehen, die dem Betreuten nur einen rechtli-

Höchstpersönliche Angelegenheiten

chen Vorteil bringen (§ 1903 III S. 1 BGB). Da es sich bei den Betreuten um Volljährige handelt, ist ein Einwilligungsvorbehalt auch nicht bei solchen Willenserklärungen angebracht, die nur **geringfügige Angelegenheiten des täglichen Lebens** betreffen. Allerdings kann hier das Betreuungsgericht zum Schutz des Betreuten (z. B. Kauf von Alkoholika) anordnen, dass sich der Einwilligungsvorbehalt ganz oder teilweise auch auf solche Geschäfte (vorwiegend Kauf von alltäglichen Verbrauchsgütern) erstreckt.

Geringfügige Angelegenheiten des täglichen Lebens

Die Anordnung eines Einwilligungsvorbehalts sowie der Kreis der einwilligungsbedürftigen Willenserklärungen ergeben sich aus der dem Betreuer ausgehändigten Bestellungsurkunde (§ 290 Nr. 4 FamFG).

Auswirkungen der eingeschränkten Geschäftsfähigkeit

Einseitige Rechtsgeschäfte Verträge

Einseitige Rechtsgeschäfte ohne Einwilligung des Betreuers sind unwirksam (§ 111 S. 1 BGB). Ohne Einwilligung des Betreuers abgeschlossene Verträge sind schwebend unwirksam und sind an die Genehmigung oder Nichtgenehmigung durch den Betreuer gebunden (§ 108 BGB).

Willenserklärungen gegenüber dem Betreuten werden erst wirksam, wenn sie dem Betreuer zugehen (§ 131 II BGB).

Es gilt auch der „Taschengeldparagraph" (§ 110 BGB).

Fall:

Für den mehrfach behinderten A, welcher selbst eine kleine Wohnung bewohnt, ist gerichtlich ein Betreuer bestellt, dessen Aufgabenkreis auch das Mietverhältnis umfasst. Eines Tages erhält A ein Schreiben, wonach der Vermieter das Mietverhältnis kündigt. Erst einige Wochen später erhält der Betreuer Kenntnis von der Kündigung. Der Betreuer will nun in erster Linie wissen, ob die Kündigung überhaupt wirksam ist.

Lösung:

Hier kommt es darauf an, ob A geschäftsunfähig ist (§ 104 Nr. 2 BGB) oder ob ein Einwilligungsvorbehalt angeordnet ist, der auch das Mietverhältnis umfasst (§ 1903 BGB). In beiden Fällen ist die Kündigung solange unwirksam, bis sie dem Betreuer zugeht (§§ 1903, 131 BGB). Ansonsten ist sie wirksam. Der Betreuer muss prüfen, ob ein entsprechender Kündigungsschutz besteht (§§ 574, 574 b BGB).

3.6 Unbeschränkte Geschäftsfähigkeit

Die volle Geschäftsfähigkeit tritt bei Minderjährigen mit der Volljährigkeit kraft Gesetzes ein (Vollendung des 18. Lebensjahres – § 2 BGB). Infolge der unbeschränkten Geschäftsfähigkeit ist der Betreffende in der Lage, alle Rechtsgeschäfte selbst vorzunehmen. Ist ein Minderjähriger aber zu diesem Zeitpunkt geschäftsunfähig im Sinne des § 104 Nr. 2 BGB, z. B. wegen schwerer geistiger Behinderung, so ändert an dieser Geschäftsunfähigkeit auch der Eintritt der Volljährigkeit nichts.

Im Rahmen der Zivilprozessordnung (ZPO) entspricht die unbeschränkte Geschäftsfähigkeit der **Prozessfähigkeit** (§ 52 ZPO) im Gegensatz zur sogenannten **Parteifähigkeit,** welche allen rechtsfähigen Personen zusteht (§ 50 I ZPO). Parteifähigkeit beinhaltet die Fähigkeit, in einem Zivilprozess Kläger oder Beklagter zu sein, während Prozessfähigkeit bedeutet, selbstständig oder durch einen Prozessbevollmächtigten Prozesshandlungen vornehmen zu können (§ 51 I ZPO).

Eine Ausnahme bildet die Vorschrift des § 53 ZPO. Wird ein an sich prozessfähiger Betreuter in einem Prozess durch einen Betreuer vertreten, so ist er, allerdings nur für diesen Rechtsstreit, als nicht prozessfähig anzusehen.

Fehlt die Prozessfähigkeit, so kann eine Partei nur durch den gesetzlichen Vertreter handeln. Im Gegensatz zur beschränkten Geschäftsfähigkeit ist eine beschränkte Prozessfähigkeit gesetzlich nicht vorgesehen (Ausnahmen: §§ 112, 113 BGB).

Randglossen:
Unbeschränkte Geschäftsfähigkeit

Parteifähigkeit
Prozessfähigkeit

Fall:
Die Ehe der Eheleute A und B ist geschieden. Die elterliche Sorge für die Tochter C (17) wurde auf die Mutter übertragen. C hat fahrlässig mit ihrem Fahrrad einen Fußgänger angefahren, welcher nun vor Gericht gegen sie Schadenersatz eingeklagt hat. Kann C diesen Prozess selbst führen?

Lösung:
C ist zwar parteifähig, aber wegen ihrer Minderjährigkeit nicht prozessfähig. Sie muss sich vor Gericht durch ihre Mutter als gesetzliche Vertreterin vertreten lassen, die wiederum einen Rechtsanwalt mit der Prozessvertretung beauftragen kann.

3.7 Übungsfragen

1. Was bedeuten die Begriffe „Handlungsfähigkeit" und „Geschäftsfähigkeit"?
2. Warum ist eine Kündigung eine einseitige, empfangsbedürftige Willenserklärung?
3. Wann spricht man von einem Vertrag?
4. Welcher Personenkreis ist geschäftsunfähig?
5. Wie wirkt sich die Geschäftsunfähigkeit im Rechtsleben aus? Nennen Sie ein Beispiel!
6. Worin liegt der Unterschied zwischen Geschäftsunfähigkeit und beschränkter Geschäftsfähigkeit?
7. Kann eine einseitige Willenserklärung eines beschränkt Geschäftsfähigen durch den gesetzlichen Vertreter genehmigt werden?
8. Wie ist die Rechtslage, wenn ein beschränkt Geschäftsfähiger ohne Einwilligung des gesetzlichen Vertreters einen Vertrag geschlossen hat?
9. Wie wirkt sich bei einem schwebend unwirksamen Vertrag der zwischenzeitliche Eintritt der Volljährigkeit aus?
10. Gibt es eine Einschränkung der Geschäftsfähigkeit auch bei Volljährigen, wenn ja, unter welchen Voraussetzungen?
11. Was ist ein „Einwilligungsvorbehalt" und wie wirkt sich dieser aus?
12. Erläutern Sie die Begriffe „Parteifähigkeit" und „Prozessfähigkeit"!
13. Was bedeutet die Beschränkung der Haftung Minderjähriger nach dem MHbeG?

3.8 Weiterführende Literatur

Palandt, Bürgerliches Gesetzbuch, 68. Auflage, München 2009
Köhler, BGB, Allgemeiner Teil, 32. Auflage, München 2008

4. DELIKTSFÄHIGKEIT

> *Lernziele:*
> Die Frage einer Schadenersatzleistung für unerlaubte Handlungen ist dann mit besonderen Schwierigkeiten verbunden, wenn Minderjährige oder Behinderte einen Schaden verursachen. Hier ist es wichtig zu wissen, unter welchen Voraussetzungen eine Haftung ausgeschlossen bzw. trotz Minderjährigkeit oder Behinderung eine Haftung gegeben ist.

Bei dem Begriff Deliktsfähigkeit geht es darum, wann jemand in der Lage ist, ein **Delikt** zu begehen. Das Wort „Delikt" wird in zwei Rechtsbereichen verwendet, im **Strafrecht** und im **Zivilrecht.** Die hier zu behandelnde Fragestellung bezieht sich nur auf das Zivilrecht, wobei ein und dieselbe Handlung sowohl einen zivilrechtlichen wie auch einen strafrechtlichen Aspekt haben kann.

Zivilrechtliche Deliktsfähigkeit

> *Fall:*
> Bei einem Verkehrsunfall werden durch die Fahrlässigkeit des Autofahrers A der Pkw des B beschädigt und B verletzt. Welche Rechtsbereiche werden dadurch tangiert?
>
> *Lösung:*
> Es bestehen Schadenersatzansprüche auf Grund der Verletzung des B und der Beschädigung des Pkw. Gleichzeitig ist die Körperverletzung auch eine strafbare Handlung, so dass A auch strafrechtlich zur Rechenschaft gezogen wird, wenn B einen Strafantrag stellt (§ 230 StGB).

Der Begriff der Deliktsfähigkeit umfasst **nicht** eine Haftung (= Recht, den Anspruch durchzusetzen), die sich aus einem **rechtsgeschäftlichen** Handeln, z. B. aus einem Vertrag, ergibt (Beispiel: Betreuungsvertrag).

4.1 Delikt

Die grundlegende gesetzliche Vorschrift lautet (§ 823 I BGB):
„Wer **vorsätzlich** oder **fahrlässig** das Leben, den Körper, die Gesundheit, die Freiheit, das Eigentum oder ein sonstiges Recht eines **ande-**

ren widerrechtlich verletzt, ist dem anderen zum Ersatz des daraus entstehenden Schadens verpflichtet."

Unerlaubte Handlung Das Delikt besteht in der sogenannten **unerlaubten Handlung.** Unerlaubt ist eine Handlung dann, wenn sie **rechtswidrig,** also durch einen Verstoß gegen die Rechtsordnung begangen wird. Im vorgenannten Fall besteht der Verstoß gegen die Rechtsordnung darin, dass eine Verletzung folgender Rechtsgüter vorliegt: Körper und Eigentum. Auch die Verletzung (Unterlassung) einer Handlungspflicht (z. B. der Betreuungspflicht) kann zum Schadenersatz führen.

Rechtfertigungsgrund Verschulden Die Widerrechtlichkeit ist allerdings dann nicht gegeben, wenn ein sogenannter **Rechtfertigungsgrund,** z. B. Notwehr, vorliegt. Darüber hinaus wird in den meisten Fällen für eine Haftung ein **Verschulden** vorausgesetzt. Eine unerlaubte Handlung kann in bestimmten Fällen auch ohne Verschulden gegeben sein, z. B. bei der Haftung des Tierhalters – § 833 BGB. Man spricht hier, im Gegensatz zu einer Verschuldenshaftung, von einer **Gefährdungshaftung.** Schuldhaftes Handeln liegt dann vor, wenn der Betreffende **vorsätzlich** oder **fahrlässig** handelt.

Gefährdungshaftung

Vorsatz **Vorsatz** ist immer dann gegeben, wenn der Handelnde weiß, dass die Handlung rechtswidrig ist, den Erfolg kennt und auch will bzw. in Kauf nimmt.

Fahrlässigkeit **Fahrlässig** handelt dagegen, wer die im Verkehr erforderliche Sorgfalt außer Acht lässt (§ 276 II BGB). Fahrlässigkeit liegt dann vor, wenn der Eintritt des Schadens **voraussehbar und vermeidbar** gewesen ist (z. B. ist die größte Zahl der Verkehrsunfälle sowohl vorhersehbar als auch vermeidbar). Bei der Fahrlässigkeit unterscheidet man verschiedene Grade:

grobe Fahrlässigkeit (besonders schwere Sorgfaltspflichtverletzung),
einfache Fahrlässigkeit (wenn keine grobe Fahrlässigkeit vorliegt). Dabei ist zu beachten, dass jeder Grad der Fahrlässigkeit zum vollen Schadenersatz berechtigt.

Deliktsfähigkeit ## 4.2 Deliktsfähigkeit

Zurechnungsfähigkeit Zum Verschulden gehören begrifflich nicht nur Vorsatz oder Fahrlässigkeit, sondern auch die **Zurechnungsfähigkeit** (§§ 276 I S. 2, 827, 828 BGB). Gerade diese Frage ist für die Arbeit im Bereich der Heilerziehungspflege von großer Bedeutung, sowohl im Bereich der Minderjährigen als auch der Behinderten. Diesen Personen kann ein entsprechendes Verhalten nicht immer zum Vorwurf gemacht werden.

Rechtswidrigkeit: Verstoß gegen die Rechtsordnung
Verschulden: Vorsatz oder Fahrlässigkeit
Zurechnungsfähigkeit: Frage des Ausschlusses der
                           Verantwortlichkeit

4.3 Deliktsunfähigkeit

Delikts-
unfähigkeit

Die Zurechnungsfähigkeit schließt das Gesetz in folgenden Fällen aus (§§ 827, 828 I BGB):

(1) bei Kindern, die das **siebte** Lebensjahr noch nicht vollendet haben. Diese können – von der Billigsheitshaftung (s. Kap. 4.6) abgesehen – in keinem Fall für einen Schaden verantwortlich gemacht werden. Es kommt somit auch nicht auf den Entwicklungsstand eines solchen Kindes an. Die Altersgrenze entspricht derjenigen für die Geschäftsunfähigkeit Minderjähriger (§ 104 Nr. 1 BGB). § 828 I BGB: „Wer nicht das siebte Lebensjahr vollendet hat, ist für einen Schaden, den er einem anderen zufügt, nicht verantwortlich."

Kinder

(2) bei Personen, die
im **Zustand der Bewusstlosigkeit**
oder
in einem die **freie Willensbestimmung** ausschließenden **Zustand einer krankhaften Störung der Geistestätigkeit** einem anderen einen Schaden zufügen (§ 827 S. 1 BGB).
§ 827 S. 1 BGB: „Wer (...) in einem die freie Willensbestimmung ausschließenden Zustande krankhafter Störung der Geistestätigkeit einem anderen Schaden zufügt, ist für den Schaden nicht verantwortlich." Die Störung muss zwingend zum Ausschluss einer freien Willensentscheidung führen. Eine gerichtlich angeordnete Betreuung ändert, sofern die vorgenannten Voraussetzungen nicht vorliegen, nichts an der Deliktsfähigkeit.
Bei einem **vorübergehenden** Zustand des Ausschlusses der freien Willensbestimmung durch Genuss geistiger Getränke oder ähnlicher -

Bewusst-
losigkeit

Störung
der Geistes-
tätigkeit

Mittel, in welchen sich jemand durch Selbstverschulden versetzt hat, haftet der Betreffende wie bei fahrlässigem Handeln (§ 827 S. 2 BGB). Im Rahmen eines Schadenersatzprozesses muss derjenige, der den Schaden verursacht hat, beweisen, dass er unzurechnungsfähig war.

Fall:

Neben einer Werkstatt für behinderte Menschen befindet sich auch der Parkplatz für das Personal. Während einer Arbeitspause will der Behinderte A (27) mit einem Schraubenzieher eine Autotüre am Pkw eines Mitarbeiters gewaltsam öffnen. Es entsteht ein beträchtlicher Sachschaden.
Haftet A für diesen Schaden?

Lösung:

A ist behindert. Für die Frage der Haftung ist entscheidend, ob er zurechnungs- oder unzurechnungsfähig ist. Diese Frage beurteilt sich nach § 827 S. 1 BGB. Die Frage der Zurechnungsfähigkeit hängt davon ab (was gegebenenfalls durch ein fachärztliches Gutachten geklärt werden muss), ob eine krankhafte Störung der Geistestätigkeit mit der Folge eines Ausschlusses des freien Willens zum Zeitpunkt der Schadenshandlung vorlag. Wenn bei A auf Grund seiner Behinderung eine freie Willensentscheidung nicht möglich war, haftet er nicht für den Schaden.

4.4 Bedingte Deliktsfähigkeit bei Minderjährigen

Anders als die Kinder bis zum vollendeten siebten Lebensjahr muss die Gruppe der Kinder und Jugendlichen ab dem vollendeten siebten Lebensjahr bis zum vollendeten 18. Lebensjahr gesehen werden, die im Bereich der Geschäftsfähigkeit als beschränkt geschäftsfähig eingestuft sind. Hier kommt es wesentlich auf den **Entwicklungsstand** an. Die gesetzliche Regelung (§ 828 III BGB) hält denjenigen Minderjährigen in dieser Altersgruppe für verantwortlich, der zum einen die **Rechtswidrigkeit** seiner Handlung **erkennen** kann und zum anderen weiß, dass er selbst **in irgendeiner Weise** für die Folgen **einstehen** muss. Nur wenn diese Bedingungen erfüllt sind, haftet der Minderjährige für den Schaden. Die **Beweislast** für das Fehlen der Zurechnungsfähigkeit liegt beim Minderjährigen.

§ 828 III BGB: „Wer das 18. Lebensjahr noch nicht vollendet hat, ist, sofern seine Verantwortlichkeit nicht nach Absatz 1 oder 2 ausgeschlossen ist, für den Schaden, den er einem anderen zufügt, nicht verantwortlich, wenn er bei der Begehung der schädigenden Handlung nicht die zur **Erkenntnis der Verantwortlichkeit erforderliche Einsicht** hat."

§ 828 II BGB verneint die Haftung von Kindern zwischen der Vollendung des siebten bis zur Vollendung des **zehnten** Lebensjahres für einen Schaden, der bei einem **Unfall** mit einem **Kraftfahrzeug**, einer Schienenbahn oder einer Schwebebahn einem anderen zugefügt wurde. Dies gilt nicht bei einer **vorsätzlichen** Handlung.

Fall:

Sie machen mit einer Gruppe von seelisch behinderten Kindern im Alter von 10–12 Jahren, die Sie in einem heilpädagogischen Heim betreuen, einen Ausflug. Als Sie in der Nähe einer Scheune Ballspiele machen, steigt plötzlich Rauch aus der Scheune auf. Sie laufen zur Scheune und stellen fest, dass diese bereits in Flammen steht. Es stellt sich heraus, dass der 11-jährige A dort heimlich geraucht und aus Unvorsichtigkeit das Heu in Brand gesetzt hat.
Haftet A für den Schaden?

Lösung:

Für die Frage der Haftung des A, der bedingt deliktsfähig ist, kommt es wesentlich darauf an, ob er die notwendige Einsicht im Sinne des § 828 III BGB hatte, was im Rahmen eines Zivilprozesses eventuell durch ein psychologisches Gutachten zu klären sein wird.
Wenn er die entsprechende Einsicht hatte, haftet er für den Schaden, wobei es nicht darauf ankommt, ob er den Schaden jetzt bezahlen kann. Im Falle einer Verurteilung zum Schadenersatz würde der Anspruch erst in 30 Jahren verjähren (§ 197 I Nr. 3 BGB).

4.5 Volle Deliktsfähigkeit

Wer das 18. Lebensjahr vollendet hat, ist voll deliktsfähig, wenn nicht eine Unzurechnungsfähigkeit nach § 827 S. 1 BGB (s. Kap. 4.3) gegeben ist.

Volle Deliktsfähigkeit

Billigkeits-
haftung

4.6 Billigkeitshaftung

Die Gerechtigkeit verlangt nicht nur, dass Rechtssicherheit für jedermann gewährleistet sein muss, sie muss auch versuchen, dem **Einzelfall** gerecht zu werden. Deswegen sieht das Recht gerade bei Fehlen der Zurechnungsfähigkeit eine Ersatzpflicht aus **Billigkeitsgründen** vor (§ 829 BGB).

Es sind, weniger bei Minderjährigen als bei behinderten Volljährigen, Fälle denkbar, bei denen die Vermögenslage des Schädigers weitaus besser ist als die des Geschädigten. Der Schädiger würde gegebenenfalls nach den strengen Regeln der §§ 827, 828 BGB nicht haften. Für den Geschädigten könnte dies dann **unbillig** sein, wenn er sich zusätzlich zu seinem Schaden auch noch in einer schlechten finanziellen Situation befindet, während der Schädiger auf Grund seiner Vermögenssituation den Schaden ohne weiteres bezahlen kann. Hier schafft die Billigkeitshaftung einen Ausgleich. Dies gilt allerdings dann nicht, wenn ein Aufsichtspflichtiger für den Schaden haftet.

4.7 Übungsfragen

1. Welche Voraussetzungen sind für das Vorliegen einer unerlaubten Handlung erforderlich?
2. Was verstehen Sie unter „Gefährdungshaftung"?
3. Welche Formen des Verschuldens kennen Sie und was versteht man darunter?
4. Welche Grade der Fahrlässigkeit gibt es?
5. Welchen Inhalt hat der Begriff „Zurechnungsfähigkeit"?
6. Wann ist jemand zurechnungsfähig?
7. Wer hat die Beweislast für eine Unzurechnungsfähigkeit?
8. Wer ist bedingt deliktsfähig und wovon hängt hier eine Haftung ab?
9. Wann ist die Frage einer Billigkeitshaftung zu prüfen?

4.8 Weiterführende Literatur

Palandt, Bürgerliches Gesetzbuch, 68. Auflage, München 2009

5. SCHULDFÄHIGKEIT IM STRAFRECHTLICHEN SINN

Lernziele:
Im gesamten Rechtsbereich spielt das Strafrecht eine hervorgehobene Rolle. Auch im Bereich der Heilerziehungspflege werden von Betreuten immer wieder Handlungen vorgenommen, die als Straftaten unter Strafe gestellt sind. Grundkenntnisse in diesem Bereich sind deshalb auch für die Betreuer wichtig, insbesondere die Frage, inwieweit sich die Betreuten überhaupt strafbar machen können.

5.1 Funktion des Strafrechts

Die Funktion des Strafrechts ergibt sich aus einer Bestimmung, welche die „Grundsätze der Strafzumessung" zum Gegenstand hat (§ 46 StGB). Diese sind:

(1) Schuldausgleich
(2) Einwirken auf den Täter, keine neuen Straftaten zu begehen (Spezialprävention).
(3) Auch wenn in dieser gesetzlichen Bestimmung nicht ausdrücklich genannt, so soll schon die Existenz des Strafrechts **alle** davon abhalten, Straftaten zu begehen (Generalprävention – vgl. § 2 S. 2 StVollzG).
(4) Darüber hinaus spielt auch der Resozialisierungsgedanke eine wesentliche Rolle. Es muss versucht werden, den Straftäter wieder in die Rechtsgemeinschaft einzugliedern.

Funktion des Strafrechts

Schuldausgleich

Spezialprävention

Generalprävention

Resozialisierung

5.2 Straftat

Wenn es um strafbare Handlungen oder Unterlassungen geht, dann ist primär zu klären, ob überhaupt eine **Straftat** vorliegt. Eine solche ist nur dann gegeben, wenn die **Erfüllung des Tatbestandes eines Strafgesetzes** vorliegt.
Hier ist die Unterscheidung zwischen dem **objektiven** und **subjektiven** Tatbestand von Bedeutung: Der **objektive Tatbestand** ist dann gegeben, wenn die Tat einem in einer bestimmten strafrechtlichen Gesetzesnorm beschriebenen Verhalten entspricht. Eine Verletzung der Fürsorge- und Erziehungspflicht liegt beispielsweise dann vor,

Straftat

Erfüllung des Tatbestandes

Objektiver Tatbestand

wenn diese Verpflichtung gegenüber einer Person unter 16 Jahren gröblich verletzt wird und dadurch der Schutzbefohlene in die Gefahr gebracht wird, in seiner körperlichen oder psychischen Entwicklung erheblich geschädigt zu werden, einen kriminellen Lebenswandel zu führen oder der Prostitution nachzugehen (§ 171 StGB).

Subjektiver Tatbestand Der **subjektive** Tatbestand bezieht sich dagegen auf den „inneren" Bereich des Täters, z. B. seine mit der Tat verfolgten Absichten. Wenn jemandem beispielsweise ein Betrug zum Vorwurf gemacht wird, so muss nachgewiesen werden, dass der Täter entweder sich selbst oder einem Dritten einen rechtswidrigen Vermögensvorteil verschaffen wollte.

Rechtswidrigkeit ## Rechtswidrigkeit der Tat

Wenn vom Täter der Tatbestand eines Strafgesetzes erfüllt wird, dann liegt in der Regel gleichzeitig auch ein Verstoß gegen die Rechtsordnung vor (§ 11 I Nr. 5 StGB). Die Rechtswidrigkeit ist allerdings dann **Rechtfertigungsgrund** nicht gegeben, wenn ein sogenannter **Rechtfertigungsgrund** vorhanden ist. Typische Rechtfertigungsgründe sind die Notwehr (§ 32 StGB), der Notstand (§ 34 StGB) und die Einwilligung des Verletzten (z. B. bei einer Operation).

Notwehr **Notwehr** ist diejenige Verteidigung, die erforderlich ist, um einen gegenwärtigen rechtswidrigen Angriff von sich oder einem anderen abzuwenden. Entscheidend ist hier der Wille zur Verteidigung.

Notstand Eine **Notstandshandlung** ist nur dann gegeben, wenn eine gegenwärtige, **nicht anders abwendbare** Gefahr für Leben, Leib, Freiheit, Ehre, Eigentum oder ein anderes Rechtsgut vorliegt, und bei Abwägung der widerstreitenden Interessen, namentlich der betroffenen Rechtsgüter und des Grades der ihnen drohenden Gefahren, das geschützte Interesse das beeinträchtigte **wesentlich** überwiegt (Beispiel: Einschließung eines gewalttätigen psychisch kranken Betreuten ohne gerichtliche Genehmigung zum Schutz für andere Patienten).

Einwilligung des Verletzten Ein weiterer Rechtfertigungsgrund ist die **Einwilligung des Verletzten.** Es gibt die Möglichkeit, dass der Inhaber eines Rechtsgutes (z. B. Recht auf körperliche Unversehrtheit) auf dieses verzichtet und dadurch in diesem Fall einen (straffreien) ärztlichen Eingriff möglich macht. Eine solche Einwilligung setzt nicht die volle Geschäftsfähigkeit voraus, aber sehr wohl eine entsprechende Urteilsfähigkeit und freie Willensentscheidung.

Schuld

Zur Erfüllung eines Tatbestandes und zum Vorliegen der Rechtswidrigkeit muss noch die **Schuld** des Täters hinzukommen, damit eine Strafe ausgesprochen werden kann. Die Strafe muss der Schuld entsprechen. Der Täter muss entweder **vorsätzlich** oder **fahrlässig** gehandelt haben (§ 15 StGB).

Hier liegen zwei verschiedene Schuldformen vor, weil im StGB fahrlässige Straftaten mit geringeren Strafen bedroht sind als vorsätzliche Straftaten (vgl. § 223 StGB und § 229 StGB). Vorsätzlich handelt, wer die Tatbestandsmerkmale **bewusst** und **gewollt** erfüllt, auch wer den Erfolg zumindest **in Kauf nimmt.**

Fahrlässig handelt, wer die **notwendige Sorgfalt** außer Acht lässt, aber die Rechtsverletzung eigentlich nicht will.

Marginalien: Schuld · Vorsatz Fahrlässigkeit

Als Beispiele sollen hier Straftaten gegen die **sexuelle Selbstbestimmung** genannt werden, weil gerade der Personenkreis der Minderjährigen und der Behinderten sich in diesem Bereich weniger schützen kann. Auf der anderen Seite gilt auch für einen Behinderten, dass sein Recht auf Sexualität da seine Grenzen hat, wo das Recht des anderen beginnt. Unter den Straftaten gegen die sexuelle Selbstbestimmung sind folgende hervorzuheben:

Marginalie: Straftaten gegen die sexuelle Selbstbestimmung

(1) Sexueller Missbrauch von Schutzbefohlenen (§ 174 StGB);
(2) Sexueller Missbrauch von Gefangenen, behördlich Verwahrten oder Kranken und Hilfsbedürftigen in Einrichtungen (§ 174 a StGB);
(3) Sexueller Missbrauch von Kindern (§ 176 StGB);
(4) Sexueller Missbrauch widerstandsunfähiger Personen (§ 179 StGB);
(5) Sexueller Missbrauch von Jugendlichen (§ 182 StGB).

Folgende Grundzüge bestimmen das Sexualstrafrecht:
Sexuelle Handlungen sind solche, die objektiv einen Bezug zur Sexualität haben und das allgemeine Sittlichkeitsgefühl in geschlechtlicher Beziehung erheblich verletzen.

Marginalie: Sexuelle Handlungen

Kinder **Kinder** (= Minderjährige unter 14 Jahren) sollen vor jeder Art sexueller Handlungen (außer einer sachgerechten Sexualerziehung) geschützt werden (§ 176 StGB).

Jugendliche **Jugendlichen** (14–18 Jahre) gesteht der Gesetzgeber eine gewisse Eigenverantwortlichkeit zu. Da in diesem Alter regelmäßig Abhängigkeitsverhältnisse gegeben sind, muss ein erhöhter strafrechtlicher Schutz gewährleistet werden.

Die Altersgruppe der **14- bis 16jährigen** wird insoweit geschützt, als sie sich in einem Abhängigkeitsverhältnis (Erziehung, Ausbildung, Betreuung in der Lebensführung) befindet (§ 174 I Nr. 1 StGB).

Bei Jugendlichen zwischen **16–18 Jahren** ist Voraussetzung der Strafbarkeit, dass die Handlung auf einem **Missbrauch** des Abhängigkeitsverhältnisses beruht, welche hier auch ein Dienst- oder Arbeitsverhältnis umfasst (§ 174 I Nr. 2 StGB). Außerhalb eines Abhängigkeitsverhältnisses muss es sich um schwerwiegende sexuelle Handlungen, z. B. eine sexuelle Nötigung (§ 178 StGB) handeln.

Erwachsene Bei **Erwachsenen** umfasst der strafrechtliche Schutz solche sexuelle Handlungen, die mit Gewalt oder einem Missbrauch der sexuellen Freiheit verbunden sind.

Im Betreuungsbereich sind vor allem die Tatbestände des sexuellen Missbrauchs Widerstandsunfähiger (§ 179 StGB) sowie des sexuellen Missbrauchs von Kranken oder Hilfsbedürftigen in einer Einrichtung (§ 174 a II StGB) von Bedeutung.

Im ersten Fall geht es um die Ausnutzung der psychisch oder körperlich bedingten Widerstandsunfähigkeit, im zweiten Fall um den Missbrauch eines Betreuungsverhältnisses und der Krankheit oder Hilfsbedürftigkeit eines Menschen.

Fall:

Sie arbeiten in einem heilpädagogischen Heim für Kinder und Jugendliche. Das Heim legt großen Wert auf Außenkontakte der jungen Menschen, von denen eine ganze Reihe in der Schülermannschaft des örtlichen Fußballvereins spielt. Eines Tages stellt sich heraus, dass der Trainer der Schülermannschaft sexuelle Handlungen an einem Ihrer Gruppenmitglieder (15) vorgenommen hat. Wie ist dieses Verhalten strafrechtlich zu beurteilen?

> *Lösung:*
> Die Schüler werden in den Trainingszeiten vom Trainer betreut,
> so dass hier ein sexueller Missbrauch eines Schutzbefohlenen
> vorliegt. Der Trainer wird nach § 174 I StGB bestraft.

Dem Schutz von **Kindern** und **Jugendlichen** dient auch das **Jugend-** *(margin: Jugendschutz-Gesetz)* **schutzgesetz (JuSchG)**, das Verstöße mit Strafen oder als Ordnungs-widrigkeit mit Bußgeldern ahndet. Es bezieht sich auf Kinder (bis zum vollendeten 14. Lebensjahr) und Jugendliche (bis zum vollendeten 18. Lebensjahr) und wendet sich in erster Linie an Veranstalter und Gewerbetreibende, aber auch für bestimmte Zuwiderhandlungen **an Personen über 18 Jahre**, die ein Verhalten eines Minderjährigen **herbeiführen** oder **fördern**, welches durch Verbote des JuSchG verhindert werden soll (§§ 27, 28 JuSchG). Nach § 28 IV JuSchG können somit auch Personen, die berufliche Betreuungsaufgaben wahrnehmen, wie z.B. Heilerziehungspfleger, Ordnungswidrigkeiten begehen. Folgende wesentliche Regelungsbereiche gilt es dabei zu beachten:

(1) Gaststätten
(margin: Gaststätten)

Der Aufenthalt ist in der Regel Kindern und Jugendlichen unter 16 Jahren nur in Begleitung einer personensorgeberechtigten oder erziehungsbeauftragten Person gestattet. Jugendliche ab 16 Jahren dürfen sich ohne Begleitung einer personensorgeberechtigten bzw. erziehungsbeauftragten Person in der Zeit von 24 Uhr bis 5 Uhr nicht in Gaststätten aufhalten (§ 4 I JuSchG).

(2) Öffentliche Tanzveranstaltungen
(margin: Öffentliche Tanzveranstaltungen)

Die Anwesenheit bei öffentlichen Tanzveranstaltungen darf ohne Begleitung einer personensorgeberechtigten oder erziehungsbeauftragten Person Kindern und Jugendlichen unter 16 Jahren nicht und Jugendlichen ab 16 Jahren nur bis 24 Uhr gestattet werden.

(3) Spielhallen
(margin: Spielhallen)

Kinder und Jugendliche dürfen sich in öffentlichen Spielhallen und ähnlichen vorwiegend dem Spielbetrieb dienenden Räumen nicht aufhalten (§ 6 I JuSchG).

Alkoholische
Getränke

(4) Alkoholische Getränke

An Kinder und Jugendliche dürfen Branntwein, branntweinhaltige Getränke oder Lebensmittel, die Branntwein in nicht nur geringfügiger Menge enthalten, in Gaststätten, Verkaufsstellen oder sonst in der Öffentlichkeit weder abgegeben noch darf ihnen der Verzehr gestattet werden. Dasselbe gilt für andere alkoholische Getränke für Kinder und Jugendliche unter 16 Jahren (§ 9 I JuSchG).

Rauchen in
der Öffent-
lichkeit

(5) Rauchen in der Öffentlichkeit, Tabakwaren

Tabakwaren dürfen an Kinder und Jugendliche in Gaststätten, Verkaufsstellen oder sonst in der Öffentlichkeit nicht abgegeben werden. Auch darf ihnen das Rauchen in der Öffentlichkeit nicht gestattet werden.

Jugend-
medien-
schutz

(6) Jugendschutz im Bereich der Medien

Weitere Vorschriften betreffen den Bereich der Trägermedien und Telemedien (§§ 11 ff. JuSchG), vor allem öffentliche Filmveranstaltungen, Bildträger mit Filmen und Spielen, Bildschirmspielgeräte. Träger- und Telemedien, welche die Entwicklung von Kindern und Jugendlichen gefährden können, können von der Bundesprüfstelle für jugendgefährdende Medien in eine entsprechende Liste aufgenommen werden (§ 18 I JuSchG). Dies führt dann zu entsprechenden Verbreitungs- und Werbebeschränkungen.

Schuld-
unfähigkeit

5.3 Schuldunfähigkeit

Die Schuldunfähigkeit setzt voraus, dass sich der Täter nicht frei für oder gegen die Begehung der Tat entscheiden kann. Es kommt hier

Einsichts-
fähigkeit
Steuerungs-
fähigkeit

wesentlich auf die **Einsichtsfähigkeit,** aber auch darauf an, inwieweit jemand sein Handeln **steuern** kann. Gerade bei Minderjährigen und/ oder Behinderten muss sorgfältig geprüft werden, ob diese Voraussetzungen überhaupt und gegebenenfalls in welchem Grad gegeben sind.

Schuld-
ausschluss

Bei folgenden Personen ist eine Schuld **ausgeschlossen:**

Kinder bis
14 Jahre

Kinder bis zum vollendeten 14. Lebensjahr (§ 19 StGB). Unabhängig vom Entwicklungsstand ist hier allein das Alter maßgebend, um eine Bestrafung auszuschließen.

Psychische
Störungen

Auch **psychische Störungen** können dazu führen, dass der Betreffende nicht in der Lage ist, entweder das Unrecht der Tat einzusehen oder auch bei entsprechender Einsicht danach zu handeln. Es muss also immer geprüft werden (was von den Fachschülern immer wieder übersehen wird), dass diese psychischen Störungen so schwerwiegend sein müssen, dass sie die genannten Folgen haben. Eine Schuldunfähigkeit liegt immer schon dann vor, wenn entweder die Einsichtsfähigkeit oder die Steuerungsfähigkeit fehlt. Dies gilt selbstverständlich auch für jugendliche Straftäter.

Die hier anzuwendende Bestimmung des § 20 StGB zählt folgende Arten von psychischen Störungen auf:

(1) krankhafte seelische Störungen (z. B. endogene Psychosen, Schizophrenie);

(2) tiefgreifende Bewusstseinsstörungen (z. B. hochgradige Affektzustände);

(3) Schwachsinn (angeborene Intelligenzschwäche);

(4) schwere andere seelische Abartigkeit (z. B. Psychopathien, Neurosen, Triebstörungen).

Die Vermutung spricht bis zum Beweis des Gegenteils dafür, dass der Täter schuldfähig ist. Wer sich allerdings selbst in einen Zustand der Schuldunfähigkeit versetzt (z. B. durch Alkohol oder Drogen), wird für die Tat auch dann bestraft, wenn er voraussehen konnte, dass er eine bestimmte Straftat im Zustand der Schuldunfähigkeit begehen würde. Beispiel: Jemand betrinkt sich, um in diesem Zustand eine Vergewaltigung zu begehen.

5.4 Verminderte Schuldfähigkeit

Wenn die im § 20 StGB genannten Gründe für einen Ausschluss der Schuld nicht ausreichen, so ist doch eine **verminderte** Schuld aus diesen Gründen möglich. Darauf muss der Gesetzgeber in entsprechender Weise reagieren. Die hier anzuwendende Strafbestimmung enthält § 21 StGB, wobei zu beachten ist, dass es sich um eine **erhebliche** Minderung der Einsichtsfähigkeit oder der Steuerungsfähigkeit handeln muss. In diesen Fällen erfolgt zwar eine Bestrafung, aber die **Strafe** kann nach den Grundsätzen des § 49 I StGB **gemildert** werden.

5.5 Bedingte Schuldfähigkeit bei Jugendlichen

Von der verminderten Schuldfähigkeit im Sinne des § 21 StGB ist unbedingt die **bedingte** Schuldfähigkeit zu unterscheiden, die nur **Jugendliche** (vom vollendeten 14. bis zum vollendeten 18. Lebens-

Verminderte Schuldfähigkeit

Strafmilderung

Bedingte Schuldfähigkeit bei Jugendlichen

Entwick-
lungsstand

jahr, wobei es auf den Zeitpunkt der Tat ankommt) betreffen kann. Die gesetzliche Regelung sieht für diese Altersgruppe vor, dass durch das Gericht geprüft werden muss, ob der Jugendliche nach seinem **Entwicklungsstand** reif genug ist, das **Unrecht der Tat einzusehen und auch** nach dieser **Einsicht zu handeln.**
Im Gegensatz zu § 20 StGB, welcher wegen seelischer Störungen für den Schuldausschluss die fehlende Einsichtsfähigkeit **oder** die fehlende Steuerungsfähigkeit genügen lässt, sieht § 3 JGG vor, dass im Entwicklungsbereich **beides** fehlen muss, um die Schuld auszuschließen. Zu beachten ist, dass § 3 JGG sich nur auf die Frage des Entwicklungsstandes bezieht, daneben sind selbstverständlich die §§ 20, 21 StGB (Schuldfähigkeit) auch auf Jugendliche anzuwenden (§ 2 JGG).

Fall:

Sie arbeiten als Gruppenleiter in einer Werkstatt für behinderte Menschen. Als zwei Ihrer Gruppenmitglieder in Streit geraten und aufeinander losgehen, versuchen Sie, die beiden zu trennen. Dabei wendet sich einer der beiden plötzlich gegen Sie und geht auf Sie los. Im anschließenden Handgemenge versetzen Sie ihm einen Faustschlag ins Gesicht, der eine erhebliche Verletzung zur Folge hat. Die Eltern des Verletzten stellen bei der Polizei Strafanzeige gegen Sie. Können Sie bestraft werden?

Lösung:

Der Tatbestand einer Körperverletzung ist hier offenbar erfüllt (§ 223 StGB). Es liegt auch eine vorsätzliche Handlung vor, weil Sie ihm bewusst den Faustschlag versetzt haben. Dabei fehlt aber die weitere Voraussetzung einer strafbaren Handlung, nämlich die Rechtswidrigkeit. Sie haben in Notwehr gehandelt, um den Angriff auf Sie abzuwehren. Damit ist ein gesetzlich anerkannter Rechtfertigungsgrund gegeben. Die Staatsanwaltschaft, welche nicht nur die belastenden sondern auch die entlastenden Umstände zu ermitteln hat (§ 160 II StPO), wird das Ermittlungsverfahren einstellen (§ 170 II StPO).

5.6 Übungsfragen

1. Welche Funktion hat das Strafrecht in unserem Rechtsgefüge?
2. Welche Voraussetzungen müssen gegeben sein, um von einer Straftat zu sprechen?
3. Erklären Sie, was man unter Erfüllung des Tatbestandes versteht!
4. Wann ist aus Ihrer Sicht ein rechtfertigender Notstand gegeben?
5. Kann ein nicht voll Geschäftsfähiger sich mit der Verletzung eines Rechtsgutes einverstanden erklären?
6. Welche Schuldformen kennen Sie, und wie sind diese definiert?
7. Kommt es bei der Schuldunfähigkeit von Kindern auf deren Entwicklungsstand an?
8. Wann führt das Vorliegen von psychischen Störungen zur Schuldunfähigkeit?
9. Benennen Sie Beispiele für solche psychischen Störungen!
10. Was unterscheidet die Schuldunfähigkeit von der verminderten Schuldfähigkeit?
11. Inwieweit spielt für die Frage der Schuldfähigkeit bei jugendlichen Straftätern ihr Entwicklungsstand eine Rolle?
12. Was sind Straftaten gegen die sexuelle Selbstbestimmung?
13. Wie werden Jugendliche durch das Strafrecht im sexuellen Bereich geschützt?

5.7 Weiterführende Literatur

Böhm/Feuerhelm, Einführung in das Jugendstrafrecht, 4. Auflage, München 2004
Fischer, Strafgesetzbuch, 56. Auflage, München 2009
Meyer-Goßner, Strafprozessordnung, 51. Auflage, München 2008
Volk, Grundkurs StPO, 6. Auflage, München 2008

6. RECHTSSTELLUNG DES MINDERJÄHRIGEN

> *Lernziele:*
> Der Studierende soll die Grundzüge des **Rechts der elterlichen Sorge** kennenlernen, auch die teilweise unterschiedlichen rechtlichen Bestimmungen bei Kindern miteinander verheirateter oder nicht miteinander verheirateter Eltern, sowie die Möglichkeiten der Einschränkung der elterlichen Sorge bzw. ihrer Ersetzung. Die Rechtsformen „Pflegschaft" und „Vormundschaft" sind hier von besonderer Bedeutung.
> Dabei soll der Studierende einüben, die Bestimmungen auf konkrete Lebenssachverhalte anzuwenden, mit denen er im Rahmen seiner künftigen beruflichen Tätigkeit konfrontiert werden kann.

6.1 UN-Übereinkommen: Rechte des Kindes

Im Zusammenhang mit der Rechtsstellung der Minderjährigen ist primär auf das **Übereinkommen über die Rechte des Kindes** zu verweisen, das am 20. November 1989 durch die UN-Generalversammlung angenommen wurde und für die Bundesrepublik Deutschland am 5. April 1992 in Kraft getreten ist. Dieses Übereinkommen enthält u. a. folgende grundlegende Bestimmungen:

Art. 1: Kind im Sinne des Übereinkommens ist jeder Mensch, der das 18. Lebensjahr noch nicht vollendet hat, soweit nicht die Volljährigkeit nach dem für das Kind anzuwendenden Recht früher eintritt.

Art. 3: Bei allen die Kinder betreffenden Maßnahmen „ist das **Wohl des Kindes** ein Gesichtspunkt, der vorrangig zu berücksichtigen ist". Die Vertragsstaaten sind verpflichtet, dem Kind „Schutz und die Fürsorge zu gewährleisten, die zu seinem Wohlergehen notwendig sind". Dazu stellen sie sicher, „dass die für die Fürsorge für das Kind oder dessen Schutz verantwortlichen Institutionen, Dienste und Einrichtungen den von den zuständigen Behörden festgelegten Normen entsprechen, insbesondere im Bereich der Sicherheit und der Gesundheit sowie hinsichtlich der Zahl und der fachlichen Eignung des Personals und des Bestehens einer ausreichenden Aufsicht."

Art. 5: Die Vertragsstaaten sind verpflichtet, „die Aufgaben, Rechte und Pflichten der Eltern" zu achten, „das Kind bei der Ausübung der in

diesem Übereinkommen anerkannten Rechte in einer seiner Entwicklung entsprechenden Weise angemessen zu leiten und zu führen."
Art. 9: Eine Trennung des Kindes von den Eltern darf nur dann erfolgen wenn „diese Trennung zum Wohl des Kindes notwenig ist."
Art. 14: Die Vertragsstaaten achten das Recht des Kindes auf Gedanken-, Gewissens- und Religionsfreiheit.
Art. 18: Diese Bestimmung legt fest, dass auf der Grundlage des Wohles des Kindes für „die Erziehung und Entwicklung des Kindes in erster Linie die Eltern oder gegebenenfalls der Vormund verantwortlich" sind.
Art. 23: Auch ein behindertes Kind soll „ein erfülltes und menschenwürdiges Leben unter Bedingungen führen...", „welche die Würde des Kindes wahren, seine Selbstständigkeit fördern und seine aktive Teilnahme am Leben der Gemeinschaft erleichtern."

6.2 Elterliche Sorge

Die elterliche Sorge bezieht sich nur auf Minderjährige. Da ein Minderjähriger seit jeher in abgestufter Weise des Schutzes bedurfte, hat sich bereits im germanischen Recht die Schutzpflicht für die Familienmitglieder (Munt) entwickelt. Der ursprünglich im BGB verwendete Begriff „elterliche Gewalt" wurde inzwischen in den Begriff „elterliche Sorge" umgewandelt (SorgeRG).
Die elterliche Sorge ist ein **Grundrecht,** aber auch eine **Grundpflicht** der Eltern (Art. 6 II GG). Im heutigen Verständnis wird mehr der Pflichtcharakter betont; deshalb enthält das Gesetz zur Reform des Kindschaftsrechts vom 16.12.1997 eine Neufassung des § 1626 I S. 1 BGB: „Die Eltern haben die **Pflicht** und das **Recht** ..."
Art. 6 II GG lautet: „Pflege und Erziehung der Kinder sind das **natürliche** Recht der Eltern und die **zuvörderst ihnen** obliegende Pflicht. Über ihre Betätigung wacht die staatliche Gemeinschaft."
Diese Bestimmung regelt zum einen das Verhältnis zwischen Eltern und Kindern (Kind ist hier jeder Minderjährige!), zum anderen das Verhältnis zwischen Eltern und Staat bei der Ausübung der elterlichen Sorge.

Elterliche Sorge

Grundrecht Grundpflicht der Eltern

| Elternrecht | Verhältnis Eltern – Kind |
| | Verhältnis Eltern – Staat |

Das Grundrecht steht den Eltern zu, die miteinander verheiratet sind, aber auch den nicht miteinander verheirateten Eltern, wenn sie eine entsprechende Sorgeerklärung abgegeben haben (§ 1626 a I Nr. 1 BGB), ansonsten der Mutter (§ 1626 a II BGB). Aber auch ein nicht mit der Mutter des Kindes verheirateter, aber mit Kind und Mutter zusammenlebender Vater hat Rechte aus Art. 6 II GG (BVerfGE 56, 384). Kein Grundrecht elterlicher Sorge haben Großeltern, Stiefeltern und Pflegeeltern.

Die Eltern tragen Verantwortung für den **Gesamtplan der Erziehung,** wobei sie nicht nur das Recht, sondern in gleicher Weise auch die Pflicht haben, ihre Elternverantwortung zum Wohle des Kindes wahrzunehmen. Allerdings nimmt das Elternrecht mit zunehmendem Alter und der damit verbundenen Eigenverantwortung des Kindes ab, bis es mit der Volljährigkeit des Minderjährigen beendet ist. Diese verfassungsrechtliche Vorgabe findet ihre Entsprechung in der Bestimmung des § 1626 II BGB: „Bei der Pflege und Erziehung berücksichtigen die Eltern die wachsende Fähigkeit und das wachsende Bedürfnis des Kindes zu selbstständigem, verantwortungsbewusstem Handeln. Sie besprechen mit dem Kind, soweit es nach dem Entwicklungsstand angezeigt ist, Fragen der elterlichen Sorge und streben Einvernehmen an." Bei widerstreitenden Interessen hat das Kindeswohl den Vorrang. Das Grundrecht schützt die Eltern vor unzulässigen Eingriffen des Staates. Er darf nur dann eingreifen, wenn das „Wohl des Kindes" gefährdet ist.

Wohl des Kindes Das **Wohl des Kindes** ist ein sogenannter **unbestimmter** Rechtsbegriff und deckt sich mit dem Recht des jungen Menschen „auf Förderung seiner Entwicklung und auf Erziehung zu einer eigenverantwortlichen und gemeinschaftsfähigen Persönlichkeit" (§ 1 I SGB VIII). Vor einem Entzug des Elternrechts sind unterstützende Maßnahmen zu prüfen, wie sie z. B. das Jugendhilferecht (SGB VIII) vorsieht. Andererseits gibt es keine Rechtsnorm, die den Eltern gestattet, auf die elterliche Sorge zu verzichten. Sehr wohl ist aber die Übertragung der

Übertragung der Ausübung der elterlichen Sorge **Ausübung der elterlichen Sorge** auf dritte Personen möglich, wenn ein entsprechender Grund vorliegt (z. B. Aufnahme eines Kindes in eine Tagesstätte). Die Letztverantwortung liegt aber auch hier bei den Eltern.

Abstammung

Abstammung

Rechtsbeziehungen zwischen Eltern und Kind knüpfen an die **Mutterschaft** und die **Vaterschaft** an. Das neue Kindschaftsrecht kennt eine Unterscheidung zwischen ehelichen und nichtehelichen Kindern nicht mehr. Es möchte vielmehr die Unterschiede soweit als möglich abbauen.

Mutterschaft

§ 1591 BGB enthält eine eindeutige Regelung: „Mutter eines Kindes ist die Frau, die es geboren hat." Diese klare Regelung ist auf Grund der Fortschritte der Fortpflanzungsmedizin erforderlich. Die genetische, aber nicht das Kind austragende Mutter ist damit nicht Mutter im Rechtssinne. Sie kann deshalb aus ihrer genetischen Mutterschaft keinerlei Rechte gegenüber dem Kind ableiten.

Vaterschaft

Eine Vaterschaft im Rechtssinne ist nach § 1592 BGB nur gegeben, wenn eine der folgenden Voraussetzungen vorliegt:

(1) Wenn der Mann im Zeitpunkt der Geburt mit der Mutter des Kindes verheiratet ist, ist er – rechtlich gesehen – der Vater. Sollte es sich um einen „Scheinvater" handeln, besteht die Möglichkeit der Anfechtung der Vaterschaft (§ 1599 BGB). Anfechtungsberechtigt sind der „Scheinvater", die Mutter und das Kind und der Mann, der an Eides Statt versichert, der Mutter des Kindes während der Empfängniszeit beigewohnt zu haben (§ 1600 I BGB).

Zu beachten ist dabei, dass die Möglichkeit der Anfechtung der Vaterschaft zeitlich begrenzt ist. Die Frist beträgt einheitlich zwei Jahre, wobei sie frühestens mit der Geburt des Kindes und immer dann beginnt, wenn der Anfechtungsberechtigte von den Umständen erfährt, die gegen die Vaterschaft sprechen (§ 1600 b BGB).

(2) Vater ist der Mann, der die Vaterschaft rechtswirksam anerkannt hat. Die Anerkennung ist schon vor der Geburt des Kindes zulässig (§ 1594 IV BGB). Sie ist jetzt an die Zustimmung der Mutter (aus eigenem Recht) und nur dann an die Zustimmung des Kindes gebunden, wenn der Mutter insoweit nicht die elterliche Sorge zusteht (§ 1595 BGB).

(3) Als letzte Möglichkeit gibt es die gerichtliche Feststellung der Vaterschaft (§ 1600 d BGB). Die Erhebung der Vaterschaftsfeststellungsklage beim Familiengericht ist an keine Frist gebunden. Der Entscheidung wird in der Regel ein medizinisches Abstammungsgutachten zugrunde gelegt. Die Rechtswirkungen der Vaterschaft können erst ab der Rechtskraft des Feststellungsurteils geltend gemacht werden.

In Erfüllung einer Auflage des Bundesverfassungsgerichts hat der Gesetzgeber durch die Einfügung des § 1598 a BGB die Möglichkeit geschaffen, außerhalb einer Klage auf Anfechtung der Vaterschaft eine genetische Untersuchung zur Klärung der Abstammung durchzuführen. Nach § 1598 a I BGB können sowohl der Vater (von Mutter und Kind), die Mutter (von Vater und Kind) und das Kind (von beiden Elternteilen) die Einwilligung zu einer genetischen Abstammungsuntersuchung und zur Entnahme einer genetischen Probe verlangen. Wenn keine gütliche Einigung möglich ist, kann das Familiengericht eine nicht erteilte Einwilligung ersetzen und die Duldung der Probeentnahme anordnen (§ 1598 a II BGB).

Das Wohl des minderjährigen Kindes wird dadurch geschützt, dass im Falle einer erheblichen Beeinträchtigung des Wohls unter Berücksichtigung der Belange des Klärungsberechtigten das Verfahren für die erforderliche Zeit ausgesetzt wird (§ 1598 a III BGB).

Elterliche Sorge

Elterliche Sorge

Die grundlegende Vorschrift enthält § 1626 I BGB: „Der **Vater und die Mutter** haben die **Pflicht** und das **Recht,** für das minderjährige Kind zu sorgen **(elterliche Sorge).** Die elterliche Sorge umfasst die **Sorge für die Person des Kindes (Personensorge)** und das **Vermögen des Kindes (Vermögenssorge)."**

Personensorge

Vermögenssorge

Der Begriff „elterliche Sorge" hat den früheren Begriff „elterliche Gewalt" abgelöst (Gesetz zur Neuregelung des Rechts der elterlichen Sorge v. 18.7.79 BGB I 1061, in Kraft seit 1.1.80), weil der Ausdruck „Gewalt" nicht mehr zeitgemäß erschien.

Gemeinsame elterliche Sorge

Die elterliche Sorge steht den Eltern dann **gemeinsam** zu, wenn sie

(1) zum Zeitpunkt der Geburt des Kindes miteinander verheiratet sind oder

(2) nach der Geburt des Kindes einander heiraten (§ 1626 a I Nr. 2 BGB) oder

(3) erklären, dass sie die Sorge gemeinsam übernehmen wollen (Sorgeerklärungen – § 1626 a I Nr. 1 BGB).

Ansonsten hat bei nicht miteinander verheirateten Eltern die Mutter kraft Gesetzes die elterliche Sorge (§ 1626 a II BGB). *Elterliche Sorge der Mutter*

In diesem Falle hat sie die Möglichkeit, einen **Beistand** für das Kind zu beantragen, der folgende Aufgaben (oder einen Teil hiervon) wahrzunehmen hat: *Beistand*

Feststellung der Vaterschaft

Geltendmachung von Unterhaltsansprüchen.

Die elterliche Sorge wird durch die Beistandsbestellung nicht eingeschränkt.

Es ist ein **schriftlicher Antrag** an das zuständige **Jugendamt** zu richten, das mit dem Eingang des Antrags Beistand wird (§ 1712 ff. BGB). Diese Beistandschaft kann bei entsprechender landesrechtlicher Regelung auf einen Verein übertragen werden, der die dafür notwendige Erlaubnis besitzt (Art. 144 EGBGB; vgl. Art. 49 a Bayerisches Kinder- und Jugendhilfegesetz).

Diese Beistandsregelungen gelten im Übrigen für alle Kinder, bei denen ein Elternteil das Alleinsorgerecht für den entsprechenden Aufgabenkreis hat, aber auch bei gemeinsamer elterlicher Sorge für den Elternteil, in dessen Obhut sich das Kind befindet.

Die elterliche Sorge umfasst primär die **Personensorge.** *Personensorge*

Die Personensorge hat zwei Bereiche: die **tatsächliche** Personensorge und die **Vertretung im Rahmen der Personensorge.**

Tatsächliche Personensorge

Zur **tatsächlichen Personensorge** gehören die **Pflicht und das Recht,** das Kind zu pflegen, zu erziehen, zu beaufsichtigen und seinen Aufenthalt zu bestimmen (§ 1631 I BGB); hierbei handelt es sich nicht um eine abschließende Aufzählung. Die tatsächliche Personensorge umfasst z. B. auch das Recht, den Vornamen und – wenn die Eltern keinen Ehenamen führen – den Familiennamen des ehelichen Kindes zu bestimmen (§ 1617 BGB), Unterhaltsansprüche geltend zu machen, die Schul- und Berufsausbildung festzulegen, den Umgang zu bestimmen (§ 1632 II BGB) und das Kind von jedem herauszuverlangen, der es den Eltern oder einem Elternteil widerrechtlich vorenthält. *Tatsächliche Personensorge*

Fall:

Nach Scheidung der Ehe der Eltern wurde die elterliche Sorge für das Kind (5 Jahre) auf die Mutter übertragen. Im Rahmen der Regelung über das Umgangsrecht wurde zwischen den Eltern vereinbart, dass das Kind immer am ersten Wochenende eines Monats zum Vater kommt. Das Kind besucht während der Woche eine heilpädagogische Tagesstätte, in welcher Sie das Kind betreuen. An einem Montag kommt die Mutter und teilt Ihnen mit, dass der Vater das Kind nicht zurückgebracht habe. Eine fernmündliche Rücksprache habe ergeben, dass er das Kind künftig bei sich behalten wolle. Dies will die Mutter nicht hinnehmen.

Lösung:

Die Mutter hat die elterliche Sorge und damit das Aufenthaltsbestimmungsrecht für das Kind. Sie kann nach § 1632 I BGB das Kind vom Vater herausverlangen, da er dieses der Mutter vorenthält, und die Hilfe des Familiengerichts in Anspruch nehmen (§ 1632 III BGB).

Freiheits-entziehung Für eine Unterbringung des Kindes, die mit Freiheitsentziehung verbunden ist, ist die Genehmigung des Familiengerichts erforderlich (§ 1631 b BGB).

Eine mit Freiheitsentziehung verbundene Unterbringung ist nur dann zulässig, „wenn sie zum Wohl des Kindes, insbesondere zur Abwendung einer erheblichen Selbst- oder Fremdgefährdung erforderlich ist und der Gefahr nicht auf andere Weise, auch nicht durch andere öffentliche Hilfen, begegnet werden kann" (§ 1631 b S. 2 BGB). Solche Hilfen sieht insbesondere das SGB VIII vor.

Religiöse Erziehung Auch die Bestimmung der religiösen Erziehung fällt in diesen Bereich (vgl. § 1 des Gesetzes über die religiöse Kindererziehung v. 15.7.21, RGBl S. 939). Damit ist die Zugehörigkeit zu einer Religions- oder Weltanschauungsgemeinschaft, aber auch die Nichtzugehörigkeit zu einer solchen Gemeinschaft gemeint.

Zu beachten sind die durch das vorgenannte Gesetz vom Volljährigkeitsalter abweichenden Bestimmungen: Wer das 14. Lebensjahr vollendet hat, kann seine Religionszugehörigkeit, aber auch die Nichtzugehörigkeit selbst bestimmen (§ 5 S. 2 RelKEG). Nach Vollendung des 12. Lebensjahres ist eine Erziehung in einem anderen Bekenntnis als bisher gegen den Willen des Kindes nicht möglich (§ 5 S. 2 RelKEG). Einem religiösen Bekenntnis stehen die sonstigen Weltanschauungen gleich (§ 6 RelKEG).

Erziehungs-maßnahmen Teil des Erziehungsrechts sind die notwendigen Erziehungsmaßnahmen. Über deren Ausgestaltung gehen die Meinungen auseinander.

Die Eltern haben hier selbstverständlich einen entsprechenden Spielraum. Die Grenze liegt aber dort, wo man von **entwürdigenden** Erziehungsmaßnahmen sprechen kann (§ 1631 II BGB). Allerdings ist diese Grenze nicht immer klar. Deshalb enthält die Neufassung des § 1631 II BGB (Kinderrechteverbesserungsgesetz vom 1.2.2002) folgende Regelung: „Kinder haben ein Recht auf **gewaltfreie** Erziehung. Körperliche Bestrafungen, seelische Verletzungen und andere entwürdigende Maßnahmen sind unzulässig."

Zur Begründung wird ausgeführt (BT-Drucks. 14/2096): „§ 1631 Abs. 2 will zur Verbesserung der Rechte von Kindern und zur bestmöglichen Förderung des Kindeswohls in der Erziehung einen völligen Verzicht auf Körperstrafen erreichen, um der Gewaltanwendung schon von Kindheit an jegliche Legitimation zu nehmen."

Ebenso verboten sind seelische Verletzungen. Auch andere entwürdigende Maßnahmen fallen unter das Verbot, „um die Selbstachtung und das Ehrgefühl von Kindern vor Verletzungen umfassend zu schützen und ihre ungestörte psychische und seelische Entwicklung zu fördern."

Dritte Personen haben kein allgemeines Züchtigungsrecht, auch nicht zur Abwehr von Angriffen. Selbstverständlich steht ihnen aber wie jedem Menschen ein **Notwehrrecht** zu, wobei Notwehr als diejenige Verteidigung bezeichnet wird, die erforderlich ist, um einen gegenwärtigen rechtswidrigen Angriff von sich oder einem anderen abzuwenden (§ 227 II BGB).

Die vorgenannten Grundsätze gelten auch für Berufserzieher, welche im Rahmen der Übertragung der Ausübung des entsprechenden Bereichs der elterlichen Sorge zulässige Erziehungsmittel anwenden können (z. B. im Heimbereich).

Fall:

Sie arbeiten in einer Behinderteneinrichtung. Eines Tages kommt es zwischen A (13 Jahre) und B (15 Jahre), die Sie in Ihrer Gruppe betreuen, zu einer handgreiflichen Auseinandersetzung, welche Sie schlichten wollen. Da wendet sich B plötzlich gegen Sie und beginnt, auf Sie einzuschlagen. Sie wehren den Angriff ab und verpassen ihm zur Strafe noch eine Tracht Prügel.

Lösung:

Es handelt sich bei Ihnen um eine Notwehrsituation, die Sie berechtigt, alle **erforderlichen** Verteidigungsmaßnahmen vor zunehmen. Sofern die Verteidigungsmittel die Erforderlichkeit überschreiten, werden sie rechtswidrig. Rechtswidrig ist aber in jedem Fall das Verprügeln des B, da Ihnen ein körperliches Züchtigungsrecht nicht zusteht.

Gesetzliche Vertretung

Gesetzliche Vertretung

Gesetzliche Vertretung im Rahmen der Personensorge

Die Definition der elterlichen Sorge in § 1626 I BGB wird dadurch erweitert, dass in § 1629 I S. 1 BGB bestimmt wird, dass das elterliche Sorgerecht auch die **Vertretung** des Kindes umfasst. Die gesetzliche Vertretung kommt vor allem im rechtsgeschäftlichen Bereich zum Tragen. Die entsprechenden Erklärungen wirken dann **für** und **gegen** das vertretene Kind (§ 164 I S. 1 BGB). Bei Verträgen ist immer zu prüfen, ob die Eltern im eigenen Namen (dazu gehört auch ein Vertrag zugunsten des Kindes – § 328 BGB) oder als gesetzliche Vertreter des Kindes den Vertrag abgeschlossen haben.

Gemeinsame Vertretung

Nur **beide** Eltern zusammen können – solange sie gemeinsam Sorgerechtsinhaber sind – das Kind vertreten. Es genügt allerdings, eine dem Kind gegenüber abzugebende Willenserklärung (z. B. die Kündigung eines Ausbildungsvertrages) nur **einem** Elternteil zu übermitteln (§ 1629 I S. 2 BGB). Selbstverständlich kann ein Elternteil den anderen bevollmächtigen, auch für ihn zu handeln.

Vollmacht

Fall:

Eine Mutter bringt ihr Kind, für das sie zusammen mit ihrem Ehemann die elterliche Sorge hat, zum Arzt.
Kommt hier ein Behandlungsvertrag mit dem Kind als Vertragspartner zustande?

Lösung:

Die Mutter kann zwar grundsätzlich das Kind nicht allein vertreten, weil das Vertretungsrecht bei beiden Elternteilen liegt (§§ 1629 I, 1626 I BGB). In diesem Fall muss man aber bis zum Beweis des Gegenteils davon ausgehen, dass der Vater des Kindes mit dem Handeln der Mutter einverstanden ist, die Mutter also auch in seinem Namen handeln kann (stillschweigende Alleinermächtigung).

Vermögenssorge

Wie die Personensorge setzt sich auch die Vermögenssorge aus der **tatsächlichen** Vermögenssorge **und** der **gesetzlichen** Vertretung in Vermögensangelegenheiten zusammen. Die Vermögenssorge umfasst alle **tatsächlichen** und **rechtlichen** Maßnahmen, die darauf gerichtet sind, das Kindesvermögen zu erhalten, zu verwerten und zu vermehren. In diesem Zusammenhang ist insbesondere die Vorschrift des § 1642 BGB von Bedeutung, wonach die Eltern das ihrer Verwaltung unterliegende Geld ihres Kindes, soweit dieses nicht zur Bestreitung von Ausgaben erforderlich ist, in **wirtschaftlich** sinnvoller Weise anzulegen haben. Gerade heute gibt es ein breites Spektrum von Vermögensanlagen, wobei die Eltern darauf zu achten haben, dass das Anlagerisiko minimiert wird.

(Randnotiz: Tatsächliche Vermögenssorge, Gesetzliche Vertretung)

Ein minderjähriges unverheiratetes Kind braucht für seinen Unterhalt den Stamm seines Vermögens nicht einzusetzen, soweit die Eltern leistungsfähig sind. Falls das Kind eigenes Arbeitseinkommen hat, mindert dies die Unterhaltspflicht der Eltern (§ 1602 II BGB).

In wichtigen Bereichen der Vermögenssorge ist das Sorgerecht der Eltern dadurch eingeschränkt, dass diese für bestimmte Rechtshandlungen die Genehmigung des Familiengerichts benötigen (§ 1643 BGB). Ohne diese Genehmigung werden die Rechtshandlungen nicht wirksam.

(Randnotiz: Genehmigung des Familiengerichts)

Genehmigungen sind erforderlich bei den in § 1821 BGB genannten Grundstücksgeschäften und bei den in den §§ 1643 I, 1822 BGB bezeichneten sonstigen Geschäften, z. B. bei der Kreditaufnahme zu Lasten des Kindes (§ 1822 Nr. 8 BGB).

Fall:
Der 15-jährige A beginnt eine Ausbildung als Bäcker. Zur Überweisung der Ausbildungsvergütung ist die Eröffnung eines Girokontos erforderlich. Wer ist Vertragspartner des Girovertrages und in welcher Weise sind die Eltern daran beteiligt?

Lösung:
Vertragspartner sind A und das Kreditinstitut. Da A aber noch beschränkt geschäftsfähig ist, müssen seine Eltern im Rahmen der gemeinsam auszuübenden Vertretung als gesetzliche Vertreter des A mitwirken.

Ausübung der elterlichen Sorge

Ausübung der elterlichen Sorge

Die Ausübung der elterlichen Sorge ist auf Kooperation der Eltern angelegt, welche hier gleichberechtigt sind, so dass weder dem einen noch dem anderen Elternteil mehr Rechte zustehen. Notwendig ist das „gegenseitige Einvernehmen" zum Wohle des Kindes (§ 1627 BGB). Sind die Eltern in einer Sache verschiedener Meinung, so müssen sie versuchen, sich zu einigen (§ 1627 S. 2 BGB).

Nichteinigung der Eltern in wichtigen Angelegenheiten

Nach dem Grundsatz, dass sich der Staat nur dann in den Sorgerechtsbereich einmischen darf, wenn bei besonders bedeutsamen Angelegenheiten die Nichteinigung zu Lasten des Kindes ginge, wurde für diesen Fall die Möglichkeit geschaffen, dass das Familiengericht auf **Antrag eines Elternteils** die Entscheidung einem Elternteil überträgt. Richtschnur ist auch hier das Wohl des Kindes (§ 1628 BGB). Ein Grund für das Tätigwerden des Familiengerichts könnte z. B. der Streit um die Bestimmung des Aufenthalts des Kindes sein.

Gesetzliche Vertretung

Eine wichtige Bestimmung sowohl für den Bereich der Familienpflege als auch für die nachfolgend aufgeführten Hilfen nach dem SGB VIII stellt § 1688 BGB dar.

Danach sind Pflegepersonen und Personen, die nach den §§ 34, 35, 35 a I S. 2 Nr. 3 und 4 SGB VIII die Erziehung und Betreuung eines Kindes übernommen haben, **kraft Gesetzes** berechtigt, die **Inhaber der elterlichen Sorge** zu vertreten, soweit diese nicht etwas anderes bestimmt haben bzw. dem eine Anordnung des Familiengerichts entgegensteht. Die Vertretung bezieht sich auf folgende Vertretungsbereiche:

(1) Angelegenheiten des täglichen Lebens;

(2) Verwaltung des Arbeitsverdienstes (und der Ausbildungsvergütung);

(3) Geltendmachung und Verwaltung von Unterhaltsleistungen, Versicherungsleistungen, Versorgungs- und sonstigen Sozialleistungen;

(4) Vornahme aller notwendigen Rechtshandlungen bei Gefahr in Verzug.

Fall:

In einer heilpädagogischen stationären Einrichtung für seelisch behinderte Kinder ist auch der 13-jährige A untergebracht. Beim zuständigen Gruppenleiter herrscht Unklarheit darüber, ob er auch die Schulzeugnisse unterschreiben kann oder ob dies Sache der Eltern ist.

Lösung:

Das Unterschreiben der Schulzeugnisse durch den Gruppenleiter ist rechtlich nicht zulässig, weil es sich hier nicht um eine Angelegenheit des täglichen Lebens handelt. Somit müssen die Schulzeugnisse von den Eltern unterschrieben werden.

Schadenersatzpflicht der Eltern gegenüber dem Kind

Die gesetzliche Regelung sieht im Falle eines Verstoßes gegen die Sorgfaltspflicht bei der Ausübung der elterlichen Sorge eine Haftung der Eltern vor (§ 1664 BGB). Allerdings ist diese Haftung beschränkt: die Eltern haben nur diejenige Sorgfalt anzuwenden, die sie bei eigenen Angelegenheiten beachten. Damit haften sie im Bereich der Fahrlässigkeit nur für **grobe** Fahrlässigkeit, darüber hinaus selbstverständlich auch für **Vorsatz**. Die Haftungserleichterung des § 1664 BGB gilt **nicht** bei Verletzung der Betreuungspflicht gegenüber dem Kind, z. B. bei von den Eltern verschuldeten Verkehrsunfällen, die zu einer Verletzung des Kindes führten.

Schadenersatzpflicht der Eltern

Fall:

Der minderjährige A (13 Jahre alt) hat von seinem Großvater 50 000 DM geerbt. Die Eltern, welche sich in Vermögensangelegenheiten auskennen, legen dieses Geld auf einem Sparkonto des A mit gesetzlicher Kündigung an, für das relativ geringe Zinsen gezahlt werden.

Nach Volljährigkeit will A von seinen Eltern den Schaden ersetzt haben, der ihm dadurch entstanden ist, dass dieses Geld über Jahre hinweg nicht zu einem höheren Zinssatz angelegt wurde.

Lösung:

Der Anspruch des A auf Schadenersatz hat Aussicht auf Erfolg, da hier die Eltern, die auch ihr eigenes Vermögen sinnvoll verwalten, grob fahrlässig gehandelt haben (§ 1664 BGB).

Ende der elterlichen Sorge

Die elterliche Sorge endet mit

(1) der Volljährigkeit des Minderjährigen.

Ende der elterlichen Sorge

83

Die Volljährigkeit tritt mit der Vollendung des 18. Lebensjahres ein (§ 2 BGB), auch bei zum Zeitpunkt der Volljährigkeit geschäftsunfähigen Personen (§ 104 Nr. 2 BGB), z. B. wenn diese schwer geistig behindert sind;

(2) der Adoption eines Minderjährigen.

Bei einer Annahme als Kind geht die elterliche Sorge auf den oder die Annehmenden über (§ 1754 BGB);

(3) dem Tod des Minderjährigen.

Die Eltern sind aber berechtigt, unaufschiebbare Geschäfte vorzunehmen, bis der Erbe selbst handeln kann (§ 1698 b BGB).

Tod eines
Elternteils

Tod eines Elternteils

Die elterliche Sorge eines Elternteils endet auch mit seinem Tod. Der andere Elternteil wird Alleininhaber der elterlichen Sorge, ohne dass dies einer gerichtlichen Entscheidung bedürfte (§ 1680 I S. 1 BGB). Eine Ausnahme gilt dann, wenn der verstorbene Elternteil Alleininhaber des Sorgerechts nach den §§ 1671, 1672 I BGB war. Hier ist eine Entscheidung des Familiengerichts erforderlich. Die elterliche Sorge ist dem überlebenden Elternteil zu übertragen, es sei denn, dass eine solche Entscheidung dem Wohl des Kindes widersprechen würde (§ 1680 II S. 1 BGB). Stand die elterliche Sorge einer nicht mit dem Vater verheirateten Mutter allein zu, so erfolgt eine Übertragung auf den Vater, wenn diese dem Kindeswohl nicht widerspricht (§ 1680 II S. 2 BGB).

Fall:

Mit Scheidung der Ehe wurde die elterliche Sorge der Mutter des A übertragen. Als A 16 Jahre alt ist, stirbt die Mutter. Der Vater wohnt weit entfernt und hat seit Jahren keine Verbindung zu A. Auch A hat keinerlei Bindung an seinen Vater und möchte nicht, dass der Vater die elterliche Sorge erhält.

Lösung:

Nach dem Tod der Mutter, welche Alleininhaberin der elterlichen Sorge war, ist die Frage des Sorgerechts zu regeln. Eine Übertragung auf den Vater scheidet hier wohl aus, weil sie nicht dem Wohl des A entspricht, so dass ein Vormund bestellt werden muss.

Getrenntleben und Scheidung

Gerade Berufserzieher haben es in ihrer Arbeit häufig mit Minderjährigen aus geschiedenen Ehen zu tun, da nach dem heutigen Stand jede dritte Ehe in Deutschland geschieden wird. 1994 waren von 51,1 % der Ehescheidungen in den alten Bundesländern und von 70,1 % der Ehescheidungen in den neuen Bundesländern einschließlich Berlin-Ost auch Kinder betroffen (vgl. Entwurf eines Gesetzes zur Reform des Kindschaftsrechts – BR-Drucks. 180/96).
Es ist deshalb wichtig, über die Regelung der elterlichen Sorge Bescheid zu wissen.

Das Kindschaftsrechtsreformgesetz hat den Zwangsverbund zwischen Ehescheidung und Regelung der elterlichen Sorge aufgehoben, weil es davon ausgeht, dass die gemeinsame Verantwortung der Eltern auch im Bereich der elterlichen Sorge über die Ehescheidung hinauswirkt. Es setzt deshalb ausschließlich am Tatbestand des nicht nur vorübergehenden Getrenntlebens an und gibt jedem Elternteil für diesen Fall die Möglichkeit zu beantragen, dass das Familiengericht ihm die elterliche Sorge insgesamt oder einen Teil der elterlichen Sorge (z. B. das Personensorgerecht) unter Aufhebung der gemeinsamen Sorge überträgt. Das Familiengericht muss die Übertragung vornehmen, wenn

(1) der andere Elternteil damit einverstanden ist, wobei das 14 Jahre alte Kind der Übertragung widersprechen kann, oder
(2) erwartet werden kann, dass die Übertragung dem Wohl des Kindes nicht widerspricht (§ 1671 BGB).

Das Familiengericht hat die Möglichkeit, dem Antrag zu entsprechen, den Antrag zurückzuweisen, wobei die gemeinsame elterliche Sorge erhalten bleibt, oder es muss die Frage der Gefährdung des Kindeswohls prüfen (§§ 1671 III, 1666 BGB).

> *Fall:*
> Die Ehe von A und B steht kurz vor der Scheidung. Beide haben ein gemeinsames Kind C (7 Jahre alt). Während die Mutter das alleinige Sorgerecht für das bei ihr lebende Kind beantragt, möchte der Vater mit der Mutter zusammen das Sorgerecht haben. Die Eheleute sind aber auch in Fragen, die das Kind betreffen, so zerstritten, dass schon eine Einigung über das Umgangsrecht nicht möglich ist.

> *Lösung:*
> Eine am Wohl des Kindes orientierte Entscheidung des Familien-
> gerichts wird – soweit die Erziehungsfähigkeit der Mutter nicht
> in Frage gestellt wird – der Mutter die alleinige elterliche Sorge
> übertragen. Eine gemeinsame Wahrnehmung des Sorgerechts
> scheidet wohl wegen der fehlenden Einigungsbereitschaft der
> Eltern aus.

Das gemeinsame Sorgerecht der Eltern nach einer Trennung/Schei-
dung wird aber nur dann den Interessen des Kindes entsprechen, wenn
die Eltern **bereit und in der Lage sind,** die Verantwortung für das
Kind **gemeinsam** wahrzunehmen.

Entschei-
dungsrecht
bei Getrennt-
leben

**Entscheidungsrecht bei gemeinsamer Sorge getrennt lebender
Eltern**

Sorgerechtsentscheidungen getrennt lebender Eltern sind gegebenenfalls konfliktbelastet, so dass der Gesetzgeber versuchen muss, nach
Möglichkeit eine den Interessen der Eltern und des Minderjährigen
gerechtwerdende Lösung zu finden.
Die gesetzliche Regelung ist in § 1687 BGB enthalten.
Dabei muss zwischen Angelegenheiten, die für das Kind von **erheblicher** Bedeutung sind und Angelegenheiten **des täglichen Lebens**
unterschieden werden.

Angelegen-
heiten von
erheblicher
Bedeutung

Bei Angelegenheiten von erheblicher Bedeutung ist zwingend das
Einvernehmen der Eltern erforderlich (vgl. auch § 1628 BGB). Sol-
che Angelegenheiten sind z. B. die Entscheidung über die Schul- oder
Berufsausbildung, medizinische Eingriffe von erheblicher Bedeutung,
Anlage des Kindesvermögens.

Angelegen-
heiten des
täglichen
Lebens

In Angelegenheiten des täglichen Lebens soll dagegen sinnvoller Weise der Elternteil entscheiden, bei dem sich das Kind rechtmäßig
gewöhnlich aufhält. Rechtmäßig bedeutet hier: mit Zustimmung des
anderen Elternteils oder auf Grund einer gerichtlichen Entscheidung.
Was in der Regel Angelegenheiten des täglichen Lebens sind, definiert
das Gesetz selbst (§ 1687 I S. 3 BGB): häufig vorkommende Angelegenheiten, die keine schwer abzuändernden Auswirkungen auf die
Entwicklung des Kindes haben. Damit sind Angelegenheiten des All-
tags gemeint, z. B. solche des alltäglichen schulischen Lebens sowie
Geldangelegenheiten von geringem Wert.

Das Gesetz legt darüber hinaus fest, dass Angelegenheiten der **tatsächlichen Betreuung** in die Zuständigkeit des Elternteils fallen, bei dem sich das Kind rechtmäßig aufhält. Damit sind wesentlich Dinge gemeint, die dem Alltag zuzuordnen sind wie z. B. die Auswahl der Fernsehsendungen.

Angelegenheiten der tatsächlichen Betreuung

Grundsätzlich anwendbar ist hier auch die Bestimmung des § 1629 I S. 4 BGB, wobei bei **Gefahr im Verzug** jeder Elternteil berechtigt ist, alle im Interesse des Kindes notwendigen Rechtshandlungen vorzunehmen (§ 1687 I S. 5 BGB).

Gefahr im Verzug

Es wird in diesem Zusammenhang auch auf die Verpflichtung der Eltern verwiesen, alles zu unterlassen, was das Verhältnis des Kindes zum anderen Elternteil oder die Erziehung erschwert (§§ 1687 I S. 5, 1684 II S. 1 BGB).

Loyalitätsverpflichtung

Entscheidungsrecht des nicht sorgeberechtigten Elternteils

Entscheidungsrecht des nicht sorgeberechtigten Elternteils

Da die Bestimmung des § 1687 BGB nur bei gemeinsamer elterlicher Sorge gilt, ergänzt § 1687 a BGB diese Bestimmung hinsichtlich des Elternteils, der nicht sorgeberechtigt ist.

Sofern sich das Kind rechtmäßig beim nicht sorgeberechtigten Elternteil aufhält, muss dieser Elternteil in der Lage sein, die mit dem Aufenthalt verbundenen Entscheidungen zu treffen. Ihm steht deshalb das Entscheidungsrecht in Angelegenheiten der **tatsächlichen Betreuung** zu. Er hat auch ein Notvertretungsrecht und ist selbstverständlich auch an die Loyalitätspflicht nach § 1684 II S. 1 BGB gebunden.

Mitentscheidungsrecht des Ehegatten

Mitentscheidungsrecht des Ehegatten

Um der Realität gerecht zu werden, wurden die Sorgerechtsregelungen des BGB um das Mitentscheidungsrecht des Ehegatten eines allein sorgeberechtigten Elternteils erweitert (§ 1687 b BGB). Der Ehegatte, der nicht Elternteil des Kindes ist, hat im **Einvernehmen** mit dem sorgeberechtigten Elternteil die Befugnis zur Mitentscheidung in **Angelegenheiten des täglichen Lebens** des Kindes. Er ist darüber hinaus berechtigt, bei Gefahr im Verzug alle Rechtshandlungen vorzunehmen, welche das Wohl des Kindes erfordert. Der sorgeberechtigte Elternteil muss in diesem Fall unverzüglich unterrichtet werden. Das Mitentscheidungsrecht besteht dann nicht, wenn die Ehegatten nicht nur vorübergehend getrennt leben.

Änderung der Alleinsorge der Mutter (§ 1626 a BGB)

Die nicht mit dem Vater verheiratete Mutter hat kraft Gesetzes dann die alleinige elterliche Sorge, wenn sie nicht zusammen mit dem Vater die Sorgeerklärung abgegeben hat.

Für den Fall, dass Mutter und Vater nicht nur vorübergehend getrennt leben, kann es Gründe geben, die elterliche Sorge oder einen Teil hiervon auf den Vater zu übertragen, z. B. wenn nach Trennung der Eltern und bei stärkerer Bindung des Kindes an den Vater das Kind künftig beim Vater lebt.

Eine Übertragung des Sorgerechts auf den Vater ist unter folgenden Voraussetzungen möglich:

(1) Antrag des Vaters an das Familiengericht und

(2) Zustimmung der Mutter (kann nicht ersetzt werden).

Maßstab für die gerichtliche Entscheidung ist auch hier das Wohl des Kindes.

Nach einer Übertragung des Sorgerechts auf den Vater kann die Mutter die elterliche Sorge nur wieder durch eine Änderungsentscheidung nach § 1696 BGB erhalten.

Ansonsten kann jeder Elternteil mit Zustimmung des anderen Elternteils beantragen, zu entscheiden, dass die elterliche Sorge beiden Elternteilen zusteht. Auch hier muss aber geprüft werden, ob diese Entscheidung dem Wohl des Kindes dient (§ 1672 II BGB).

Das Familiengericht kann Entscheidungen nach den §§ 1671, 1672 BGB jederzeit auch ohne formellen Antrag im Interesse des Kindes ändern (§ 1696 I BGB).

Recht und Pflicht zum persönlichen Umgang mit dem Kind

Das KindRG hat diesen Bereich neu geordnet. Die Geltung erstreckt sich sowohl auf Kinder, deren Eltern miteinander verheiratet sind, als auch Kinder, deren Eltern nicht miteinander verheiratet sind.

Der Begriff „Umgang" bezieht sich dabei nicht nur auf persönliche Kontakte, sondern z. B. auch auf telefonische und briefliche Verbindungen.

(1) Das Kind selbst hat ein **Recht** auf den Umgang mit jedem **Elternteil** (§ 1684 I HS.1 BGB).

(2) Jeder **Elternteil** ist zum Umgang mit dem Kind **verpflichtet** und **berechtigt** (§ 1684 I HS. 2 BGB). Der Umgang mit dem Kind gehört in der Regel zum Wohl des Kindes (§ 1626 III S. 1 BGB).

Die Umgangspflicht und das Umgangsrecht gilt selbstverständlich auch dann, wenn sich das Kind nicht beim anderen Elternteil, sondern bei anderen Personen befindet (z. B. in einer Betreuungseinrichtung).

(3) Für den Fall, dass eine Verständigung der Eltern nicht zustande kommt, kann das Familiengericht eine entsprechende Regelung vornehmen (§ 1684 III S. 1 BGB). Es bedarf hierzu keines formellen Antrags. Die Anregung zu einer gerichtlichen Regelung kann z. B. auch von einer Einrichtung ausgehen, die das Kind betreut. Gerichtliche Entscheidung

(4) Neben den Eltern steht das Umgangsrecht jetzt auch anderen für das Kind wichtigen Bezugspersonen zu (§ 1685 BGB). Umgangsrecht weiterer Bezugspersonen

Dazu gehören in erster Linie **Geschwister** und **Großeltern**, wobei zu beachten ist, dass diese keine Umgangspflicht, sehr wohl aber ein Umgangsrecht haben, das allerdings an das Wohl des Kindes gebunden ist.

Daneben können auch Bindungen an den jetzigen und gegebenenfalls früheren **Ehegatten eines Elternteils** bestehen, wenn dieser längere Zeit in häuslicher Gemeinschaft mit dem Kind gelebt hat, ebenso an Personen, bei denen das Kind längere Zeit in **Familienpflege** war. Diese Personen haben ein dem Kindeswohl entsprechendes Umgangsrecht. Die Eltern haben alles zu unterlassen, was das Verhältnis zu den vorgenannten Bezugspersonen beeinträchtigen könnte.

Im Konfliktfall ist auch eine Entscheidung des Familiengerichts vorgesehen (§§ 1685 III, 1684 III, IV BGB).

Sofern das Kind in einer Einrichtung betreut wird, ist es wichtig, dass auch die Einrichtung ihre Vorstellungen einer befriedigenden Regelung einbringt, damit das Gericht die bestmögliche Entscheidung treffen kann. In jedem Falle wird es gut sein, eine Einigung zwischen den Eltern anzustreben. Gerichtliche Entscheidungen in diesem Bereich geben erfahrungsgemäß oft zu neuen Konflikten Anlass, die letzten Endes auf dem Rücken des Kindes ausgetragen werden.

Fall:

Sie betreuen in einer Vollzeiteinrichtung für Behinderte die 13-jährige A. Die Ehe der Eltern ist geschieden, das Alleinsorgerecht hat die Mutter. Der Vater wäre an einem regelmäßigen Besuch seiner Tochter in der Einrichtung sehr interessiert. Solche regelmäßigen Besuche würden sich auch aus Ihrer Einschätzung für das Mädchen positiv auswirken. Die Mutter lehnt, wie Sie wissen, aber jegliches Zusammenkommen des Vaters mit der Tochter ab. Als der

---

> Vater eines Tages seine Tochter besuchen will, gestatten Sie, dass er sie am Nachmittag zu einer Spazierfahrt mitnimmt. Als die Mutter davon erfährt, beschwert sie sich bei der Einrichtungsleitung über Sie.
>
> *Lösung:*
> Der Vater hat zwar ein Umgangsrecht nach § 1684 I Hs. 1 BGB. Solange sich aber die Eltern nicht einigen, besteht nur die Möglichkeit der Anrufung des Familiengerichts. Die Einrichtung kann hier nicht selbst eine Entscheidung treffen, kann aber ihre Meinung in das familiengerichtliche Verfahren einbringen.

Auskunfts-
anspruch

Auskunftsanspruch

Nach dem KindRG hat nunmehr jeder Elternteil, nicht nur der Nichtsorgeberechtigte, einen Auskunftsanspruch, der sich auf die persönlichen Verhältnisse des Kindes bezieht (§ 1686 BGB). Er kann aber Auskunft nur dann verlangen, wenn er ein **berechtigtes Interesse** hat. Im Übrigen muss die Auskunft auch hier mit dem Wohl des Kindes vereinbar sein. Sofern ein Streit über die Frage der Auskunft nicht gütlich beigelegt werden kann, ist eine Entscheidung des Familiengerichts vorgesehen. Zu beachten ist, dass sich der Auskunftsanspruch nur gegen den **anderen Elternteil** richtet, also z. B. nicht gegen die **Einrichtung,** in welcher das Kind betreut wird.

Ruhen der
elterlichen
Sorge

Ruhen der elterlichen Sorge

Tatsächliche Verhinderung an der Ausübung der elterlichen Sorge

Tatsächliche
Ver-
hinderung

Es sind Gründe denkbar, welche den Sorgeberechtigten hindern, die elterliche Sorge auszuüben. Das BGB verwendet hier einmal den Begriff des „**Ruhens**" der elterlichen Sorge, zum anderen den Begriff der „**tatsächlichen Verhinderung**".

Rechtliche
Gründe

(1) Ruhen der elterlichen Sorge aus **rechtlichen** Gründen:
Es ist einleuchtend, dass jemand, der selbst geschäftsunfähig ist (§ 104 Nr. 2 BGB), nicht in der Lage ist, die elterliche Sorge auszuüben. In diesem Fall ruht die elterliche Sorge. Dieselbe Wirkung tritt ein, wenn ein Elternteil in der Geschäftsfähigkeit beschränkt ist (§ 1673 II S. 1, 106 BGB), z. B. bei Minderjährigkeit der Mutter. Dem beschränkt geschäftsfähigen Elternteil steht allerdings mit dem anderen Elternteil

zusammen die tatsächliche Personensorge zu, nicht aber die gesetzliche Vertretung im Bereich der Personensorge und die Vermögenssorge. Diese werden vom anderen Elternteil wahrgenommen. Bei Meinungsverschiedenheiten in Fragen der tatsächlichen Personensorge müssen die Eltern eine Einigung versuchen (§ 1627 S. 2 BGB), andernfalls ist in Fragen von erheblicher Bedeutung nur die Einschaltung des Familiengerichts vorgesehen.

(2) Ruhen der elterlichen Sorge aus **tatsächlichen** Gründen: Wenn ein Elternteil aus tatsächlichen Gründen für **längere Zeit** nicht in der Lage ist, die elterliche Sorge auszuüben (z. B. bei Verbüßung einer längeren Freiheitsstrafe), tritt durch eine entsprechende Feststellung des Familiengerichts das Ruhen der elterlichen Sorge ein (§ 1674 I BGB). Sobald die Voraussetzungen für das Ruhen der elterlichen Sorge nicht mehr vorliegen, muss das Familiengericht seine Entscheidung aufheben, und der Elternteil ist wieder berechtigt, die elterliche Sorge auszuüben. Das Ruhen der elterlichen Sorge hat zur Folge, dass sie der betreffende Elternteil nicht ausüben darf (§ 1675 BGB).

Tatsächliche Gründe

Tatsächliche Verhinderung auf kürzere Zeit

Bei einer kürzeren tatsächlichen Verhinderung der Ausübung der elterlichen Sorge (z. B. bei einem längeren Krankenhausaufenthalt) bedarf es keiner Feststellung des Familiengerichts, damit der andere Elternteil die elterliche Sorge allein ausüben kann.

Sowohl im Falle der tatsächlichen Verhinderung (ohne entsprechende Feststellung des Vormundschaftsgerichts) als auch des Ruhens der elterlichen Sorge hat der andere Elternteil **allein** die elterliche Sorge (§ 1678 I HS. 1 BGB).

Tatsächliche Verhinderung auf kürzere Zeit

Rechtsfolgen der tatsächlichen Verhinderung an der Ausübung der elterlichen Sorge und Ruhens der elterlichen Sorge bei einem alleinsorgeberechtigten Elternteil

(1) Hat ein Elternteil die Alleinsorge nach den §§ 1671, 1672 BGB und ist er tatsächlich verhindert an der Ausübung der elterlichen Sorge oder ruht seine elterliche Sorge, so erhält der andere Elternteil nicht automatisch die elterliche Sorge (§ 1678 I HS. 2 BGB). Sie kann ihm im Rahmen einer Kindeswohlprüfung nach § 1696 BGB übertragen werden. Andernfalls ist die Bestellung eines Vormundes angezeigt.

Bei einer Verhinderung **beider** Eltern, die elterliche Sorge auszuüben, muss das Familiengericht die im Interesse des Kindes liegenden Maßnahmen treffen (§ 1693 BGB).

Tatsächliche Verhinderung und Ruhen bei Alleinsorge

(2) War die Mutter nach § 1626 a II BGB allein sorgeberechtigt und ist sie vorübergehend tatsächlich verhindert, so ist die Bestellung eines Pflegers nach § 1909 BGB angezeigt (vgl. BayObLG FamRZ 62,33). Ruht die elterliche Sorge der Mutter und besteht keine Aussicht, dass der Grund des Ruhens entfällt (z. b. nicht behebbare psychische Störungen), so hat das Familiengericht die elterliche Sorge dem anderen Elternteil zu übertragen. Diese Entscheidung muss aber dem Wohl des Kindes entsprechen (§ 1678 II BGB). Andernfalls muss ein Vormund bestellt werden.

Gefährdung des Kindeswohls
Gefährdung des Kindeswohls

Es handelt sich hier – gerade auch für diejenigen, die beruflich im Erziehungsbereich tätig sind – um eine der wichtigsten gesetzlichen Regelungen, insbesondere in pädagogischen Vollzeiteinrichtungen. Oft gehen gerichtliche Maßnahmen auf Grund einer Gefährdung des Kindeswohls der Aufnahme voraus oder werden während des Aufenthalts des Minderjährigen in der Einrichtung erforderlich.

Fall:

Bei dem in der Einrichtung, in welcher Sie tätig sind, untergebrachten achtjährigen A stellen Sie wiederholt fest, dass er während der Ferienaufenthalte bei den Eltern körperlich misshandelt wird. Auch ein wiederholtes Gespräch mit den Eltern bringt keine Lösung. Insbesondere sind die Eltern nicht damit einverstanden, dass A die Ferien künftig nicht mehr bei ihnen verbringt.

Lösung:

Zum Schutz des A ist ein Eingriff in das elterliche Sorgerecht in der Weise notwendig, dass den Eltern das Aufenthaltsbestimmungsrecht nach § 1666 BGB entzogen wird. Um dies zu erreichen, wird sich die Einrichtung zweckmäßigerweise an das zuständige Jugendamt wenden, damit dieses eine Entscheidung des Familiengerichts herbeiführt.

Wächteramt des Staates
Die Grundlage für das Eingreifen des Staates in das elterliche Sorgerecht bildet Art. 6 II GG. Diese Bestimmung normiert das **Wächteramt** des Staates, welches hier die Funktion hat, Pflege und Erziehung des Kindes sicherzustellen. Der Ausdruck „Pflege und Erziehung" bezieht sich auf die gesamte elterliche Sorge, einschließlich der Ver-

mögenssorge. Die staatlichen Maßnahmen müssen in jedem Fall das Wohl des Kindes zur Grundlage haben und dem Schutz des Minderjährigen dienen. Nur so kann das Recht des Minderjährigen auf Erziehung (§ 1 I SGB VIII) gewährleistet werden.

Eingriff in die Personensorge

Eingriff in die Personensorge

Die wichtigste Regelung enthält § 1666 BGB, wonach ein Eingreifen des Staates nur durch eine Gefährdung des Kindeswohls gerechtfertigt ist. Das Gesetz zur Erleichterung familiengerichtlicher Maßnahmen bei Gefährdung des Kindeswohls (BGBl 1 2008 S. 1188) hat folgende Neufassung des § 1666 l BGB gebracht:

„Wird das körperliche, geistige oder seelische Wohl des Kindes oder sein Vermögen gefährdet und sind die Eltern nicht gewillt oder nicht in der Lage, die Gefahr abzuwenden, so hat das Familiengericht die Maßnahmen zu treffen, die zur Abwendung der Gefahr erforderlich sind."

Die Neufassung verzichtet auf die bisherige Aufzählung von Einzeltatbeständen (z. B. Vernachlässigung des Kindes). Wie bisher ist ein Eingriff in das Elternrecht auch dann möglich, wenn kein **Verschulden** der Eltern vorliegt, z. B. wenn eine psychische Krankheit zur Erziehungsunfähigkeit führt.

Das Familiengericht hat diejenigen Maßnahmen zu treffen, „die zur Abwendung der Gefahr" erforderlich sind.

Welche Maßnahmen durch das Familiengericht zu treffen sind, bleibt bewusst offen, weil die Lebenswirklichkeit sehr unterschiedlich ist. Der Gesetzgeber hat sich aber entschieden, in § 1666 III BGB einen nicht abschließenden Katalog für Maßnahmen in das Gesetz aufzunehmen. Dazu zählen z. B. Gebote, öffentliche Hilfen, insbesondere der Kinder- und Jugendhilfe in Anspruch zu nehmen (§ 1666 III Nr. 1), oder Gebote, für die Einhaltung der Schulpflicht zu sorgen (§ 1666 III Nr. 2 BGB). Es kann aber auch erforderlich sein, die elterliche Sorge teilweise oder ganz zu entziehen (§ 1666 III Nr. 6 BGB).

Ergänzend zu der Regelung des § 1666 BGB betont § 8 a SGB VIII den **„Schutzauftrag bei Kindeswohlgefährdung"**. Diesen Auftrag haben primär die **Jugendämter**, aber auch Träger von Einrichtungen und Diensten der freien Jugendhilfe, mit denen entsprechende Vereinbarungen abgeschlossen wurden (§ 8 a II SGB VIII). Das Jugendamt hat zu prüfen, ob das Familiengericht eingeschaltet werden muss, und gegebenenfalls dieses Gericht anzurufen (§ 8 a III SGB VIII).

Es liegt auf der Hand, dass im Falle einer Gefährdung des Kindeswohls auch das gerichtliche Verfahren beschleunigt durchgeführt werden muss. Zu diesem Zweck wurde ein „Vorrang- und Beschleunigungsgebot" gesetzlich in § 155 I FamFG aufgenommen. Dieses Gebot betrifft solche Kindschaftssachen, die den Aufenthalt des Kindes, das Umgangsrecht, die Herausgabe des Kindes sowie die **Gefährdung des Kindeswohls** betreffen. Falls notwendig, muss das Gericht in Verfahren nach den §§ 1666, 1666 a BGB eine einstweilige Anordnung treffen (§ 157 III FamFG). Bei einer Gefährdung des Kindeswohls kann nur das **Familiengericht** (nicht z.B. das Jugendamt) die zur Abwendung der Gefahr erforderlichen Maßnahmen treffen, wobei auch Maßnahmen gegen **dritte Personen** möglich sind, weil eine Gefährdung auch durch diese erfolgen kann (§ 1666 BGB). Soweit bei einer **dringenden Gefahr** die Entscheidung des Gerichts nicht abgewartet werden kann, muss das Jugendamt das Kind oder den Jugendlichen in Obhut nehmen (§ 8a III S. 2 SGB VIII).

Da ein Eingreifen nach § 1666 BGB eine massive Gefährdung des Kindeswohls voraussetzt, kommen in der Regel „mildere" Maßnahmen wie z. B. Ermahnung, Verwarnung kaum in Betracht. Die einschneidendere Maßnahme ist die **Entziehung** der Personensorge in Teilbereichen (z. B. des Aufenthaltsbestimmungsrechts) oder insgesamt, wobei die letztere Maßnahme nur dann zulässig ist, „wenn andere Maßnahmen erfolglos geblieben sind oder wenn anzunehmen ist, dass sie zur Abwendung der Gefahr nicht ausreichen" (§ 1666a II BGB). Dies ist

Trennung von der Familie insbesondere der Fall, wenn eine **Trennung des Minderjährigen von der Familie** erforderlich ist, z. B. bei der Gefahr weiterer Misshandlungen. Aber gerade hier muss das Familiengericht sorgfältig prüfen, ob die Gefahr nicht durch andere Maßnahmen abgewendet werden kann (§ 1666 a I BGB). Es ist primär an Hilfen zu denken, wie sie das **Jugendhilferecht** (§§ 27 ff. SGB VIII) vorsieht, z. B. die Möglichkeit der Erziehungsberatung, der sozialen Gruppenarbeit, der Bestellung eines Erziehungsbeistandes, der Sozialpädagogischen Familienhilfe, der intensiven sozialpädagogischen Einzelbetreuung für Jugendliche oder der Erziehung in einer heilpädagogischen Tagesstätte (s. Kap. III, 4).

Wohnungswegweisung **Wohnungswegweisung zum Schutz eines Kindes vor Gewalt**
Das Kinderrechteverbesserungsgesetz ergänzt § 1666 a BGB dadurch, dass zum Schutz eines Kindes vor Gewalt einem Elternteil oder einem Dritten, z. B. einem Partner der Mutter, die Nutzung der Familienwohnung oder einer anderen Wohnung vorübergehend oder auf unbestimmte Zeit untersagt werden kann.

Durch eine Wohnungswegweisung soll eine Fremdunterbringung des Kindes nach Möglichkeit vermieden werden.

Zu beachten ist, dass das neue **Gewaltschutzgesetz (GewSchG)** dann keine Anwendung findet, wenn **ausschließlich ein Kind** Opfer von Gewalttaten ist (§ 3 I GewSchG). Hier kommen ausschließlich Maßnahmen nach den §§ 1666, 1666 a BGB zur Anwendung.

Eingriff in die Vermögenssorge

Im Gegensatz zur Personensorge hat ein Eingriff in die Vermögenssorge keine so große Bedeutung, da ein Großteil der Minderjährigen nicht über ein nennenswertes Vermögen verfügt.

Aber es sind doch Fälle denkbar, in denen eine Gefährdung des Kindesvermögens vorliegt. Hier ist von entscheidender Bedeutung, dass das Familiengericht **rechtzeitig** von der Gefährdung erfährt, um die erforderlichen Maßnahmen treffen zu können (§ 1666 I BGB). Diese gesetzliche Bestimmung sieht in der Regel folgende Gefährdungstatbestände vor (§ 1666 II BGB):

(1) Verletzung der Unterhaltspflicht gegenüber dem Kind
(2) Verletzung der mit der Vermögenssorge verbundenen Pflichten,
(3) Nichtbefolgung von Anordnungen des Gerichts, die sich auf die Vermögenssorge beziehen.

Der Umfang der zu treffenden Schutzmaßnahmen hängt von dem Grad der Gefährdung ab.

Folgende Maßnahmen sind vorgesehen (§ 1667 BGB):

(1) Einreichen eines Vermögensverzeichnisses beim Familiengericht und Rechnungslegung über die Vermögensverwaltung,
(2) Einhaltung bestimmter Anlageformen für das Geld des Kindes,
(3) Abhebung von Geld nur mit Genehmigung des Familiengerichts,
(4) Sicherheitsleistung für das der Verwaltung der Eltern unterliegende Vermögen des Kindes,
(5) Entziehung der Vermögenssorge (teilweise oder ganz).

Wenn die gesamte elterliche Sorge, die Personensorge oder die Vermögenssorge einem Elternteil entzogen ist, so ist der **andere Elternteil** berechtigt, das Sorgerecht **allein** auszuüben.

Das gilt dann nicht,
(1) wenn dem Elternteil die elterliche Sorge nach den §§ 1671, 1672 I BGB **allein** zustand. Hier findet kein kraft Gesetzes eintretender Über-

Eingriff in die Vermögens-sorge

Schutzmaß-nahmen

95

gang der elterlichen Sorge auf den anderen Elternteil statt. Es muss hier eine Entscheidung des Familiengerichts nach § 1696 I BGB erfolgen. (2) wenn die elterliche Sorge gemäß § 1626 a II BGB allein der Mutter zustand. Der Vater kann hier die elterliche Sorge nur erhalten, wenn das Familiengericht dies als dem Kindeswohl dienlich ansieht (§§ 1680 III, II S. 2 BGB)

Dauer der Maßnahmen

Eine wichtige Regelung enthält § 1696 II, III BGB. Danach dürfen Maßnahmen nach §§ 1666, 1667 BGB nur solange aufrechterhalten werden, wie eine Gefahr für das Wohl des Kindes besteht.

Regelmäßige Überprüfung

Eine weitere Schutzmaßnahme für das elterliche Sorgerecht besteht darin, dass das Gericht Maßnahmen von längerer Dauer in regelmäßigen Zeitabständen überprüfen muss, um festzustellen, ob diese nach wie vor notwendig sind (§ 1696 III S. 1 BGB). Diese Vorschrift ist nunmehr wie folgt ergänzt worden (§ 1696 III S. 2 BGB):

„Sieht das Familiengericht von Maßnahmen nach den §§ 1666–1667 ab, soll es seine Entscheidung in angemessenem Zeitabstand, in der Regel nach drei Monaten, überprüfen."

Veränderung der gemein-samen elterlichen Sorge durch	Neuer Inhaber der elterlichen Sorge	
	kraft Gesetzes	kraft Entscheidung des Familiengerichts
Adoption des Kindes (§ 1754 BGB)	der/die Annehmende(n)	–
dauerndes Getrenntleben (§ 1671, 1672 BGB)	–	auf Antrag ein Elternteil
Entziehung sämtlicher oder einzelner Bestand-teile der elterlichen Sorge a) bei einem Elternteil b) bei beiden Elternteilen (§ 1666, BGB)	der andere Elternteil –	Vormund/Pfleger
a) tatsächliche Verhinde-rung bei einem Elternteil b) Ruhen der elterlichen Sorge eines Elternteils (§§ 1673, 1674 BGB)	der andere Elternteil	–
Tod eines Elternteils (§ 1680 BGB)	der andere Elternteil	–

Familiennamen des Kindes

Das KindRG hat im Rahmen der Aufhebung der Unterscheidung zwischen ehelichen und nichtehelichen Kindern auch das **Namensrecht** verändert.

(1) Sofern Vater und Mutter bei der Geburt des Kindes einen Ehenamen führen, wird dieser **Ehename** zum Geburtsnamen (§ 1616 BGB).
(2) Führen die Eltern keinen Ehenamen und steht ihnen das Sorgerecht gemeinsam zu, so bestimmen die Eltern den Geburtsnamen, wobei entweder der Name des Vaters oder der Mutter, zum Geburtsnamen bestimmt werden kann, nicht eine Kombination aus beiden Namen (§ 1617 I BGB).
(3) Steht die elterliche Sorge zum Zeitpunkt der Geburt nur der **Mutter** zu (§ 1626 a II BGB), so erhält das Kind den Namen der Mutter (§ 1617 a I BGB). Die Mutter kann dem Kind den Namen des anderen Elternteils mit dessen Einwilligung erteilen (§ 1617 a II BGB).
(4) Führt das Kind bereits einen Namen, so kann bei nachträglicher Begründung der gemeinsamen elterlichen Sorge der Namen innerhalb einer Dreimonatsfrist neu bestimmt werden (§ 1617 b II S.1 BGB).
(5) Heiratet die Mutter nicht den Vater des Kindes, sondern einen anderen Mann und ändert sich dadurch der Name der Mutter, so ändert sich dadurch **nicht** der Name des Kindes. Einen Ausgleich schafft die Möglichkeit der sogenannten **Einbenennung** des Kindes, das aus verständlichen Gründen denselben Namen wie Mutter und Stiefvater führen soll (§ 1618 BGB). Mutter und Stiefvater können dem Kind anstelle des bisherigen Namens ihren Ehenamen erteilen. Der Ehename kann nach der neuen Rechtslage auch dem zum Zeitpunkt der Einbenennung geführten Namen vorangestellt oder angefügt werden. Die Einbenennung bedarf der Einwilligung des Kindes, wenn dieses das 5. Lebensjahr vollendet hat. Auch bei einer weiteren Ehe ist die Einbenennung möglich. Die Einbenennung hat auf die elterliche Sorge keinen Einfluss, insbesondere erhält der Stiefvater dadurch keine elterlichen Rechte.
Voraussetzung der Einbenennung ist die Aufnahme des Kindes in den gemeinsamen Haushalt der Mutter und des Stiefvaters sowie bei gemeinsamer elterlicher Sorge die Einwilligung des anderen Elternteils.

Adoption eines Minderjährigen

Eine Veränderung des Eltern-Kind-Verhältnisses kann auch durch eine Adoption (Annahme als Kind) eintreten, die gerade in heutiger Zeit größere Bedeutung erlangt hat. Der Gesetzgeber hat dieser Tatsache, entsprechend dem heutigen Verständnis der Adoption, durch die Einführung der sogenannten „Volladoption" (Erlöschen der Verwandtschaftsverhältnisse zu den bisherigen Verwandten) Rechnung getragen.

Folgende Grundzüge des heutigen Adoptionsrechts sind wichtig:

Wohl des Kindes Eltern-Kind-Verhältnis Eine Adoption darf nur ausgesprochen werden (§ 1741 I BGB), wenn sie dem Wohl des Kindes dient und zwischen dem/den Annehmenden und dem Kind ein Eltern-Kind-Verhältnis entsteht bzw. entstanden ist (was heute, durch die der Adoption regelmäßig vorausgehende Adoptionspflege [§ 1744 BGB], bereits der Fall ist).

Die Annahme kann sowohl durch ein Ehepaar (häufigster Fall) als auch durch jemanden erfolgen, der unverheiratet ist (§ 1741 II BGB).

Alter der Annehmenden Bei einem Ehepaar muss ein Ehegatte 25 Jahre alt sein, der andere 21 Jahre. Unverheiratete Annehmende müssen 25 Jahre alt sein.

Einwilligung Zur Adoption erforderlich ist die Einwilligung (§§ 1746, 1747 BGB)

(1) des Kindes (bis zum 14. Lebensjahr kann nur der gesetzliche Vertreter die Einwilligung erteilen, danach nur das Kind mit Zustimmung des gesetzlichen Vertreters),

(2) der Eltern des Kindes,

Die Einwilligung kann erst erteilt werden, wenn das Kind acht Wochen alt ist (§ 1747 II BGB). Sie kann auch dann erteilt werden, wenn der Einwilligende die schon feststehenden Annehmenden nicht kennt (sogenannte Inkognito-Adoption).

Ersetzung der Einwilligung Unter folgenden Voraussetzungen besteht die Möglichkeit, die Einwilligung eines Elternteils zu **ersetzen:**

(1) anhaltend gröbliche Verletzung der Elternpflichten oder besonders schwere Pflichtverletzung, die dazu führt, dass das Kind voraussichtlich dauernd nicht mehr in die Obhut dieses Elternteils kommt,

(2) gleichgültiges Verhalten gegenüber dem Kind,

(3) unverhältnismäßiger Nachteil für das Kind bei Unterbleiben der Adoption.

Nur bei Vorliegen der vorgenannten besonders schwerwiegenden Gründe kann eine Ersetzung der Einwilligung erfolgen, da die Adoption einen erheblichen Eingriff in das Elternrecht darstellt.

Entscheidung des Familiengerichts Die Adoption wird auf Antrag der Annehmenden durch Beschluss des Familiengerichts ausgesprochen (§ 1752 BGB).

Die rechtliche Stellung des Kindes verändert sich folgendermaßen:

(1) Bei Annahme des Kindes durch ein Ehepaar erhält das Kind die Rechtsstellung eines gemeinschaftlichen ehelichen Kindes mit gemeinsamer elterlicher Sorge.

(2) Dieselbe Rechtswirkung tritt ein, wenn ein Ehegatte das Kind des anderen Ehegatten annimmt.

(3) Bei Annahme eines Kindes durch eine Einzelperson bekommt das Kind die rechtliche Stellung eines Kindes des Annehmenden mit der elterlichen Sorge.

Informationen über die Tatsache der Adoption und ihre Umstände dürfen nur mit Zustimmung der **Annehmenden und des Kindes** weitergegeben werden, außer bei besonderem öffentlichem Interesse (§ 1758 I BGB).

6.3 Einschränkung/Ersetzung der elterlichen Sorge

Einschränkung der elterlichen Sorge

Wenn die Eltern oder der Vormund verhindert sind, bestimmte Angelegenheiten für den Minderjährigen wahrzunehmen, muss dafür Sorge getragen werden, dass dieser Sorgebereich von jemand anderem wahrgenommen wird. Wird den Eltern z. B. nach § 1666 BGB das **Aufenthaltsbestimmungsrecht** entzogen, so wird dieser Teilbereich der elterlichen Sorge einem **Pfleger** übertragen. Der übrige Sorgebereich verbleibt bei den Eltern. Man spricht hier von einer **Ergänzungspflegschaft** (§ 1909 BGB), weil hier der elterliche Sorgebereich durch den Pflegschaftsbereich ergänzt wird. Diesen Bereich, welcher durch das Vormundschaftsgericht/Familiengericht festgelegt wird, bezeichnet man als den **Wirkungskreis** des Pflegers. Gerade für den Berufserzieher ist es wichtig, bei der Betreuung von Minderjährigen, für welche eine Pflegschaft besteht, zu wissen, welches Aufgabengebiet der Pfleger hat.

Nur im Rahmen dieses Aufgabengebiets kann der Pfleger rechtswirksam handeln. Auf diesen Bereich erstreckt sich **nicht** die elterliche Sorge (§ 1630 I BGB); hier ist der Pfleger **allein** handlungsberechtigt.

Marginalien:
Einschränkung/Ersetzung der elterlichen Sorge

Ergänzungspflegschaft

Wirkungskreis des Pflegers

Fall:

In einer Vollzeiteinrichtung betreuen Sie ein Kind, dessen Eltern das Umgangsrecht entzogen wurde. Zur Ausübung dieses Rechts wurde das Stadtjugendamt S zum Pfleger bestellt. Bei einer ärztlichen Untersuchung des Kindes stellt sich heraus, dass die Entfernung der Rachenmandeln erforderlich ist. Nachdem die Zustimmung der Personensorgeberechtigten notwendig ist, ergibt sich die Frage, ob hierzu die Zustimmung des Stadtjugendamtes S oder der Eltern des Kindes erforderlich ist.

Lösung:

Der Wirkungskreis des Pflegers bezieht sich nur auf das Umgangsrecht, so dass eine Zustimmung des Jugendamtes hier rechtlich ohne Bedeutung wäre. Vor dem Eingriff ist die Zustimmung der Eltern einzuholen.

Auf die Pflegschaft finden im Wesentlichen die nachfolgenden Vorschriften über die Vormundschaft Anwendung (§ 1915 I BGB). Eine Pflegschaft endet kraft Gesetzes dann, wenn die **elterliche Sorge** oder die **Vormundschaft** beendet ist, z. B. mit Volljährigkeit (§ 1918 I BGB). Sie ist auch dann beendet, wenn die Angelegenheit erledigt ist, derentwegen die Pflegschaft angeordnet wurde (§ 1918 III BGB). Im Übrigen findet die Pflegschaft mit Aufhebung durch das Familiengericht ihren Abschluss, wenn der Anordnungsgrund nicht mehr besteht (§ 1919 BGB). Dies ist z. B. bei Wegfall der Verhinderung der Eltern wegen Interessenskollision der Fall.

Ersetzung der gesamten elterlichen Sorge

Ersetzung der gesamten elterlichen Sorge

Wenn die Eltern **insgesamt** nicht in der Lage sind, die elterliche Sorge auszuüben oder sie nicht ausüben dürfen, muss eine **Vormundschaft** eingerichtet werden.

Vormundschaft

Ein Minderjähriger erhält dann einen Vormund (§ 1773 I BGB), wenn er nicht unter elterlicher Sorge steht (z. B. wenn beiden Eltern die elterliche Sorge nach § 1666 BGB entzogen wurde) oder die Eltern nicht berechtigt sind, die Personen- und Vermögenssorge auszuüben (z. B. durch Ruhen der elterlichen Sorge bei beiden Elternteilen – § 1675 BGB).

Fall:
Ein Ehepaar hat ein achtjähriges Kind. Im Zusammenhang mit dem Scheidungsverfahren beantragt die Mutter, ihr die elterliche Sorge allein zu übertragen. Der Vater möchte es beim gemeinsamen Sorgerecht belassen. Das Familiengericht kommt aber zur Auffassung, dass weder die Mutter noch der Vater in der Lage sind, die elterliche Sorge auszuüben.

Lösung:
Hier muss entsprechend den §§ 1671 III, 1666 BGB den Eltern die elterliche Sorge entzogen, eine Vormundschaft angeordnet und ein Vormund für das Kind bestellt werden, wobei das Familiengericht die Vormundschaft anordnet, den Vormund auswählt und bestellt (§§ 1779, 1789 BGB).

Der Vormund tritt an die Stelle der Eltern. Nach § 1793 BGB hat er ebenso wie die Eltern das **Recht** und die **Pflicht, die Personensorge** und **Vermögenssorge**, einschließlich der Vertretung, wahrzunehmen. Den Minderjährigen bezeichnet das Gesetz als **Mündel**. Der Vormund erfüllt seine Aufgaben grundsätzlich selbstständig und selbstverantwortlich. Die **Aufsicht** über seine Tätigkeit führt das Familiengericht, das gegebenenfalls gegen Pflichtwidrigkeiten einschreiten muss (§ 1837 II BGB). Wenn sich im Rahmen der Betreuung eines Minderjährigen Bedenken gegen die Amtsführung des Vormundes ergeben, die auf andere Weise nicht ausgeräumt werden können, so kann sich z. B. eine Betreuungseinrichtung unmittelbar an das Familiengericht wenden. Der Vormund muss dem Familiengericht mindestens einmal jährlich über die persönlichen Verhältnisse des Mündels berichten (§ 1840 I BGB) und über die Vermögensverwaltung regelmäßig Rechnung ablegen (§ 1840 ff. BGB). Von der Rechnungslegung sind der Verein und das Jugendamt kraft Gesetzes befreit (§ 1857 a BGB). Bestimmte Rechtshandlungen des Vormundes werden nur mit Genehmigung des Familiengerichts wirksam (§§ 1821, 1822 BGB). Es handelt sich hier im Wesentlichen um Genehmigungen für Rechtsgeschäfte, die mit Grundstücken in Zusammenhang stehen (z. B. Verkauf eines im Eigentum des Mündels stehenden Grundstücks) oder um sonstige Rechtsgeschäfte, die für das Mündel von besonderer Bedeutung sind, z. B. Ausschlagung einer Erbschaft wegen Überschuldung,

Personen- und Vermögenssorge

Aufsicht über den Vormund

Genehmigung des Familiengerichts

Abschluss eines Ausbildungsvertrages, wenn das Ausbildungsverhältnis länger als ein Jahr dauert, Kreditaufnahmen zu Lasten des Mündels (auch Kontokorrentkredite), Abschluss eines Vergleichs hinsichtlich eines Streitgegenstandes von mehr als 3 000 EUR.

Auch für eine Unterbringung des Mündels, die mit Freiheitsentziehung verbunden ist (z. B. in einer psychiatrischen Klinik) ist die Genehmigung des Familiengerichts erforderlich (§§ 1800, 1631 b BGB).

Fall:

Sie betreuen ein Kind, dessen Einzelvormund sich sehr wenig um sein Mündel kümmert und auch keine Verbindung zur Betreuungseinrichtung hält. Alle Versuche, einen Kontakt herzustellen, sind bisher gescheitert, so dass dieses Verhalten des Vormundes durch die Betreuungseinrichtung im Interesse des Kindes nicht weiter hingenommen werden kann.

Lösung:

Die Einrichtung kann sich an das zuständige Familiengericht wenden, das gegebenenfalls den Vormund wegen Verletzung seiner Pflichten entlassen und einen neuen Vormund bestellen kann (§ 1886 BGB).

Begründung der Vormundschaft

Die Vormundschaft kann auf zweierlei Art begründet werden:

Eintritt kraft Gesetzes

(1) Eintritt kraft Gesetzes

Sie tritt kraft Gesetzes ein, sobald die gesetzlichen Voraussetzungen hierfür gegeben sind (z. B. bei der Geburt eines Kindes einer minderjährigen Mutter, die nicht mit dem Vater verheiratet ist und keine Sorgeerklärung vorliegt – § 1791 c I BGB).

Anordnung des Familiengerichts

(2) Eintritt durch Anordnung des Familiengerichts

Soweit die Vormundschaft nicht kraft Gesetzes eintritt, kommt sie durch eine Anordnung des Familiengerichts zustande. Es bedarf hierzu keines Antrags. Sobald das Familiengericht von der Notwendigkeit einer Vormundschaft erfährt, muss es handeln (§ 1774 S. 1 BGB).

Amtsvormund

Während bei einer kraft Gesetzes eintretenden Vormundschaft der Vormund das zuständige Jugendamt (Amtsvormund) wird (vgl. §§ 1791 c I, 1751 I S. 2 BGB), muss in den Fällen, in welchen eine Vormundschaft angeordnet wird, ein Vormund durch das Familiengericht bestellt werden.

Dies ist von folgenden gesetzlichen Regelungen abhängig: Ein von den Eltern durch letztwillige Verfügung (Testament oder Erbvertrag) benannter Vormund (§§ 1776, 1777 BGB) muss bestellt werden, wenn nicht Gründe entgegenstehen, die in § 1778 BGB genannt sind. Verwandte und Verschwägerte des Mündels sind vorrangig zu berücksichtigen (§ 1779 II S. 3 BGB). Im Übrigen kommt es darauf an, dass die ausgewählte Person für diese Aufgabe **geeignet** ist (§ 1779 II S. 3 BGB), wobei vor allem ihre pädagogischen Fähigkeiten wichtig sind. Grundsätzlich ist jeder **Deutsche** verpflichtet, eine Vormundschaft zu übernehmen (§ 1785 BGB). Wenn aber jemand nur unter Zwang eine Vormundschaft übernimmt, wird keine positive Entwicklung des Verhältnisses zu seinem Mündel zu erwarten sein. Davon wird das Familiengericht in aller Regel ausgehen und eine Vormundbestellung nur dann vornehmen, wenn eine Übernahmebereitschaft besteht (vgl. für den Betreuungsbereich § 1898 BGB).

Auswahl des Vormundes

Von der Überlegung ausgehend, dass eine persönliche Bindung zwischen Vormund und Mündel die wesentliche Voraussetzung einer positiven Vormundschaftsführung ist – es soll ja auch die elterliche Sorge ersetzt werden – sieht das BGB die sogenannte **Einzelvormundschaft,** also die Führung der Vormundschaft durch eine **Privatperson,** als die vorrangige Form an, obwohl es heute notwendig ist, gegebenenfalls Vereins- oder Amtsvormünder zu bestellen, weil nicht in ausreichendem Maße geeignete Privatpersonen zur Verfügung stehen.

Einzelvormundschaft

Soweit kein geeigneter Einzelvormund zur Verfügung steht, kann ein **rechtsfähiger Verein,** welcher vom zuständigen Landesjugendamt für geeignet erklärt worden ist, zum Vormund bestellt werden (§ 1791 a I BGB). Dies wird vor allem auch dann der Fall sein, wenn für die Vormundschaftsführung entsprechende Fachkenntnisse (z. B. die eines Sozialpädagogen) erforderlich sind.

Vereinsvormundschaft

Für den Fall, dass weder ein geeigneter Einzelvormund noch ein Vereinsvormund zur Verfügung steht, hat der Gesetzgeber dadurch Vorsorge getroffen, dass hier das Jugendamt zum **Amtsvormund** bestellt werden kann (§ 1791 b BGB).

Amtsvormundschaft

Um auch bei einer Vereins- oder Amtsvormundschaft (Vormund ist der Verein oder das Jugendamt) eine **Bezugsperson** für den Mündel sicherzustellen, ist gesetzlich vorgesehen, dass der Verein die Vormundschaftsführung einzelnen Mitgliedern oder Mitarbeitern übertragen muss (§ 1791 a III S. 1 BGB), während beim Jugendamt die Übertragung auf einzelne Beamte oder Angestellte erfolgt (§ 55 II SGB VIII). Ein Berufserzieher, welcher Minderjährige betreut, die einen Vereins- oder Amtsvormund haben, sollte sich immer darüber informieren, welche Personen bei dem Verein oder dem Jugendamt die Vormundschaftsführung konkret wahrnehmen.

Bestellung des Vormundes

Die **Bestellung** eines Einzelvormundes erfolgt durch das Familiengericht durch persönliche Verpflichtung „zu treuer und gewissenhafter Führung der Vormundschaft" (§ 1789 BGB). Der Einzelvormund weist sich durch eine vom Familiengericht ausgestellte **Bestallungsurkunde** aus (§ 1791 BGB). Der Verein oder das Jugendamt wird durch eine **schriftliche Verfügung** des Familiengerichts bestellt (§§ 1791 a II, 1791 b II BGB). Diese Verfügung dient als Nachweis der Vormundbestellung.

Beendigung der Vormundschaft

Es ist zwischen Beendigung der **Vormundschaft** und des **Amtes des Vormundes** zu unterscheiden. Die **Vormundschaft** (und damit das Amt des Vormundes) endet durch

(1) Volljährigkeit des Mündels,
(2) Eintritt bzw. Wiedereintritt der elterlichen Sorge (z. B. Aufhebung des Entzugs der elterlichen Sorge),
(3) Tod des Mündels.

Beendigung des Amtes des Vormundes

Das **Amt des Vormundes** endet darüber hinaus mit seiner Entlassung durch das Familiengericht. Es muss ein neuer Vormund bestellt werden.

Vormundschaft

Notwendigkeit einer Vormundschaft

Anordnung einer Vormundschaft (Familiengericht)

Auswahl des Vormundes (Familiengericht)

Bestellung des Vormundes (Familiengericht)

Aufsicht über den Vormund (Familiengericht)

Ende des Amtes des Vormunds Ende der Vormundschaft

6.4 Übungsfragen

1. Welche Bedeutung hat die Grundrechtsqualität für das Elternrecht?
2. Was versteht man unter „Wohl des Kindes"?
3. Können Eltern auf ihr Sorgerecht verzichten?
4. Welche Bestandteile umfasst die „elterliche Sorge"?
5. Nennen Sie je ein Beispiel für die tatsächliche Personensorge und die gesetzliche Vertretung in Personensorgeangelegenheiten!
6. Wann sind Erziehungsmaßnahmen als unzulässig anzusehen?
7. Ist das auf den Namen des Minderjährigen angelegte Sparkonto von 50 EUR schon Vermögen im Sinne der Vermögenssorge?
8. Was müssen die Eltern tun, um das Vermögen ihres Kindes ordnungsgemäß zu verwalten?
9. Was kann geschehen, wenn sich Eltern in einer Frage der elterlichen Sorge nicht einigen?
10. Gibt es eine Schadenersatzpflicht der Eltern für eine schuldhafte Verletzung ihrer Sorgepflicht?
11. Ein schwer geistig behinderter Jugendlicher wird demnächst volljährig. Endet damit die elterliche Sorge?
12. Gibt es nach Scheidung der Ehe noch die Möglichkeit, das gemeinsame Sorgerecht fortzuführen?
13. Ändert das Getrenntleben der Eltern etwas an der Ausübung der elterlichen Sorge?

13. Ändert das Getrenntleben der Eltern etwas an der Ausübung der elterlichen Sorge?
14. In welchem Umfang hat ein nichtsorgeberechtigter Elternteil ein Umgangsrecht mit seinem Kind?
15. Unter welchen Voraussetzungen kann der Staat in das Elternrecht eingreifen?
16. Ist ein Eingreifen auch ohne Verschulden möglich?
17. Nennen Sie drei Eingriffsmaßnahmen?
18. Was versteht man unter „Einbenennung" eines Kindes und welche Rechtsfolgen hat diese?
19. Erläutern Sie den Begriff „Volladoption"!
20. Unter welchen Voraussetzungen kann die Einwilligung eines Elternteils zur Adoption ersetzt werden?
21. Was unterscheidet die „Pflegschaft" von der „Vormundschaft"?
22. Haben die Eltern in einer Angelegenheit, die zum Wirkungskreis eines Pflegers gehört, ein Mitspracherecht?
23. Wer kann zum Vormund bestellt werden?

6.5 Weiterführende Literatur

Oberloskamp (Hrsg.), Vormundschaft, Pflegschaft und Vermögenssorge bei Minderjährigen, 2. Auflage, München 1998
Palandt, Bürgerliches Gesetzbuch, 68. Auflage, München 2009
Schwab, Familienrecht, 16. Auflage, München 2008

7. RECHTLICHE BETREUUNG AUF DER GRUNDLAGE DES BETREUUNGSGESETZES

Lernziele:
Bei der Betreuung volljähriger psychisch Kranker oder Behinderter, einem wichtigen Betätigungsfeld der Heilerziehungspflege, kommt der gesetzlichen Regelung der Betreuung ein hoher Stellenwert zu. Der richtige Umgang mit diesem Personenkreis hat zur unabdingbaren Voraussetzung, dass die Betreuer ausreichende Kenntnisse darüber besitzen, welche rechtlichen Möglichkeiten der Staat hier zur Verfügung stellt, um zum einen gerade diesem Personenkreis die notwendigen rechtsstaatlichen Hilfen zukommen zu lassen, zum anderen die Rechtssicherheit auch hier zu verwirklichen.

Der Begriff „Betreuung" ist vieldeutig. Hier wird Betreuung nur im Sinne einer **gerichtlich angeordneten** Betreuung verstanden, und zwar nur für **Volljährige**. Früher gab es unterschiedliche Regelungen in Form der Vormundschaft für Volljährige und der Gebrechlichkeitspflegschaft. Nunmehr besteht eine einheitliche Regelung für diesen Personenkreis.

Volljährige

Wenn sich allerdings schon bei einem Minderjährigen abzeichnet, dass eine Betreuung notwendig werden wird, kann bereits ab Vollendung des 17. Lebensjahres eine Betreuung angeordnet werden, die allerdings erst mit der Volljährigkeit wirksam wird (§ 1908 a BGB). Diese Vorschrift ermöglicht es, dass zwischen dem Eintritt der Volljährigkeit und der Anordnung einer Betreuung kein „betreuungsloser" Zustand eintritt.

Fall:
In einer Einrichtung für geistig Behinderte wird auch der 17-jährige A betreut, um den sich seine Eltern sehr wenig kümmern. Es soll sichergestellt werden, dass bei Volljährigkeit ein Betreuer da ist, der die persönliche Betreuung des jungen Mannes übernimmt und als Ansprechpartner für die Einrichtung zur Verfügung steht. Was kann die Einrichtung tun?

Lösung:
Auf Grund der Vorschrift des § 1908 a BGB kann die Einrichtung den jungen Mann veranlassen, einen entsprechenden Antrag beim zuständigen Betreuungsgericht zu stellen (was auch bei Geschäftsunfähigkeit möglich ist), oder die Einrichtung kann selbst bei diesem Gericht die Bestellung eines Betreuers **anregen**, da sie kein Antragsrecht hat (§ 1896 I BGB).

Das Betreuungsrecht ist im Wesentlichen im BGB und im FamFG geregelt.

Voraussetzungen

7.1 Voraussetzungen für eine Betreuung

Wenn ein Volljähriger auf Grund einer

Psychische Krankheit
Behinderung

(1) psychischen Krankheit,
(2) körperlichen Behinderung,
(3) geistigen Behinderung oder
(4) seelischen Behinderung

seine Angelegenheiten **ganz oder teilweise** nicht besorgen kann, ist bei Vorliegen der weiteren Voraussetzungen ein Betreuer zu bestellen (§ 1896 I S. 1 BGB). Die psychische Krankheit oder die Behinderung muss dazu führen, dass der Betroffene alle oder einen Teil seiner Angelegenheiten nicht selbst besorgen kann, die Betreuung also **erforderlich** ist.

Erforderlichkeit der Betreuung

Dabei wird nicht vorausgesetzt, dass der Betreute geschäftsunfähig ist. Solange sich der Betreffende selbst helfen kann, ist keine Betreuung zulässig. Das Gesetz selbst nennt solche Gründe, nämlich die Bevollmächtigung (§ 167 BGB) einer anderen Person oder (soziale) Hilfen in verschiedenen Formen (§ 1896 II BGB). „Gegen den freien Willen des Volljährigen darf ein Betreuer nicht bestellt werden." (§ 1896 I a BGB).

Gerichtliche Anordnung

7.2 Gerichtliche Anordnung

Bestellung auf Antrag
Bestellung von Amts wegen

Die Bestellung eines Betreuers kann nur auf **Antrag des Volljährigen** oder **von Amts wegen** erfolgen.
Der Begriff „von Amts wegen" bedeutet, dass das Gericht **ohne Antrag** tätig werden kann, wenn es von der Notwendigkeit einer Betreuung Kenntnis erlangt (z. B. auch durch eine Betreuungseinrichtung).

Bei nur **körperlicher** Behinderung kann eine Betreuerbestellung nur auf Antrag erfolgen, außer der Behinderte könnte auf Grund der Behinderung seinen Willen nicht äußern.

Liegen die Voraussetzungen für eine Betreuung vor, so leitet das **Betreuungsgericht**, in dessen Bereich der Betreute seinen gewöhnlichen Aufenthalt hat, ein entsprechendes Verfahren ein. Der gewöhnliche Aufenthalt ist vom Wohnsitz (§ 7 BGB) zu unterscheiden. Ein gewöhnlicher Aufenthalt liegt dann vor, wenn der Betreffende sich an diesem Ort über längere Zeit aufhält, ohne dort seinen Wohnsitz begründen zu wollen. Der Betroffene ist verfahrensfähig, ohne dass es auf seine Geschäftsfähigkeit ankommen würde (§ 275 FamFG), d. h. auch ein Geschäftsunfähiger kann die Bestellung eines Betreuers beantragen (§ 1896 I S. 2 BGB) und sich in dem anschließenden Verfahren selbst vertreten bzw. eine andere Person mit seiner Vertretung beauftragen. Unter Verfahren werden alle gerichtlichen Verrichtungen verstanden, welche die Betreuung betreffen (vgl. § 271 FamFG). *[Verfahren]*

Gegebenenfalls (z. B. wenn der Betroffene nicht ansprechbar ist) muss das Gericht einen **Verfahrenspfleger** bestellen (§ 276 FamG), der die Interessen des Betroffenen vertritt. *[Verfahrenspfleger]*

Regelmäßig hat das Gericht vor der Entscheidung den Betroffenen **persönlich** anzuhören und sich dabei einen unmittelbaren Eindruck von ihm zu verschaffen (§ 278 FamG). Von der persönlichen Anhörung kann nur unter eng begrenzten Voraussetzungen abgesehen werden, z. B. wenn der Betroffene auf Grund erheblicher geistiger Behinderung nicht in der Lage ist, seinen Willen zu artikulieren (§§ 278 IV, 34 II FamFG). *[Persönliche Anhörung]*

In der Regel ist das **Gutachten** eines Sachverständigen über die Notwendigkeit der Betreuung einzuholen (§ 280 FamFG). Wenn alle Voraussetzungen erfüllt sind, trifft das Gericht seine Entscheidung, entweder durch die Bestellung eines Betreuers oder durch die Ablehnung des entsprechenden Antrags. Der Inhalt der Entscheidung ergibt sich aus § 286 FamFG. *[Sachverständigengutachten]*

Wirksam wird die Betreuung mit der Bestellung des Betreuers (§ 287 FamFG). In **Eilfällen** kann ein **vorläufiger Betreuer** bestellt werden (§ 300 I FamFG). Zu beachten ist, dass die Betreuung nicht durch den Tod oder die Entlassung des Betreuers endet. Es tritt nur ein „betreuerloser" Zustand ein, der möglichst rasch durch die Bestellung eines neuen Betreuers beendet werden muss (§ 1908 c BGB). *[Vorläufiger Betreuer]*

Aufgaben-
kreis des
Betreuers

Die Entscheidung über die Betreuerbestellung muss insbesondere den **Aufgabenkreis** des Betreuers enthalten. So ist festzulegen, ob alle Angelegenheiten von der Betreuung erfasst werden oder nur ein Teil, wobei der Teilbereich oder die Teilbereiche genau bezeichnet werden müssen (z. B. ärztliche Maßnahmen, vertragliche Regelungen mit einer Betreuungseinrichtung, Bestimmung des Aufenthalts). Die Betreuung kann sich nicht auf Fragen der Ausübung der elterlichen Sorge durch den Betreuten beziehen. Diese müssen gegebenenfalls nach den §§ 1666, 1673 I, 1674 BGB geregelt werden, weil der Betreuer nicht anstelle des Betreuten die elterliche Sorge ausüben kann.

Fall:

In einer Werkstatt für behinderte Menschen arbeitet auch der geistig behinderte A, 23 Jahre alt, welcher noch voll von seinen Eltern versorgt wird. Die Bestellung eines Betreuers wurde bisher nicht für notwendig gehalten. Der Träger der Werkstatt möchte mit allen Behinderten einen Werkstattvertrag abschließen. Da A geschäftsunfähig ist, muss ein Betreuer für ihn bestellt werden. Wie ist das weitere Verfahren?

Lösung:

Der Träger der Werkstatt kann beim zuständigen Betreuungsgericht die Bestellung eines Betreuers anregen. Der vom Gericht festzulegende Wirkungskreis wird sich zweckmäßigerweise auf den Abschluss des Werkstattvertrages und alle aus diesem Vertrag sich für den Betreuten ergebenden Rechte und Pflichten beziehen. Der Betreuer kann somit in diesem Bereich als gesetzlicher Vertreter des Betreuten handeln.

Ablauf des Betreuungsverfahrens

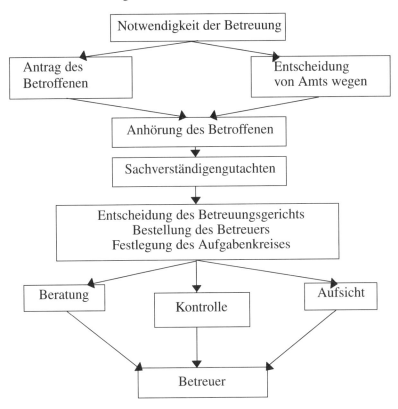

7.3 Der Betreuer

Betreuer

Natürliche Personen

Das Gesetz hält, wie bei der Vormundschaft für Minderjährige, am Vorrang des Einzelbetreuers fest (§ 1897 I BGB), weil es dem Gesetzgeber auch hier wesentlich auf die persönliche Beziehung gegenüber dem Betreuten ankommt. Der Betreuer muss geeignet sein, in dem vom Gericht festgelegten Aufgabenkreis die Angelegenheiten des Betreuten rechtlich wahrzunehmen und ihn in dem hierfür erforderlichen Umfang persönlich zu betreuen.

Der Einzelbetreuer kann eine **Privatperson** oder ein **Vereinsbetreuer** (Mitarbeiter eines anerkannten Betreuungsvereins) oder ein **Behördenbetreuer** (Mitarbeiter einer Betreuungsbehörde) sein.

Privatperson
Vereins-
betreuer
Behörden-
betreuer

Der zu Betreuende hat ein **Vorschlagsrecht.** Das Betreuungsgericht muss dem Vorschlag entsprechen, außer das Wohl des Betreuten würde durch diesen Betreuer gefährdet werden (§ 1897 IV BGB). Macht der Betroffene keinen Vorschlag, dann ist bei der Auswahl des Betreuers auf die verwandtschaftlichen und sonstige **persönliche Bindungen** des zu Betreuenden, insbesondere zu Eltern, Kindern, Ehegatten bzw. Lebenspartner Rücksicht zu nehmen. Dabei müssen aber Interessenkonflikte nach Möglichkeit vermieden werden, z. B. im Vermögensbereich (§ 1897 V BGB). Wichtig sind in diesem Zusammenhang solche Interessenkonflikte, die dadurch entstehen könnten, dass ein möglicher Betreuer zu der Einrichtung, die den Betreffenden betreut, in einem Abhängigkeitsverhältnis steht, z. B. als Arbeitnehmer. Eine Betreuerbestellung ist aber auch dann ausgeschlossen, wenn der zukünftige Betreuer in einer sonstigen engen Beziehung zu der Betreuungseinrichtung steht. Denkbar wäre dies z. B. bei dem Inhaber eines Dienstleistungsbetriebes, der laufend für die Einrichtung tätig wird. In all diesen Fällen könnte es zu Interessenkollisionen kommen, insbesondere wenn es sich um einen Anspruch des Betreuten gegen die Betreuungseinrichtung handelt.

Verpflichtung zur Betreuungsübernahme Wichtig ist die Regelung der **Verpflichtung zur Übernahme** einer Betreuung. Grundsätzlich besteht eine Übernahmepflicht, wenn der zu bestellende Betreuer für diese Aufgabe geeignet ist und sie ihm auf Grund seiner sonstigen Verpflichtungen zugemutet werden kann. Allerdings kann die Bestellung nicht **gegen den Willen** des potenziellen Betreuers erfolgen; seine Zustimmung kann nicht ersetzt werden. Diese Regelung ist richtig, da die vom Betreuungsrecht regelmäßig vorausgesetzte personale Beziehung zwischen Betreuer und Betreutem nicht vom Staat erzwungen werden kann (vgl. noch die gegensätzliche nicht mehr zeitgemäße Regelung bei der Vormundschaft für Minderjährige – § 1788 BGB).

Vereinsbetreuung

Vereinsbetreuung

Wenn der zu Betreuende durch eine oder mehrere natürliche Personen nicht hinreichend betreut werden kann, z. B. wenn dazu bestimmte Fachkenntnisse erforderlich sind oder weil kein Einzelbetreuer zur Verfügung steht, so kann ein **anerkannter Verein** mit der Einwilligung des Vereins zum Betreuer bestellt werden. Die Voraussetzungen für die Anerkennung enthält § 1908 f BGB. Im Übrigen richtet sich das Anerkennungsverfahren nach dem jeweiligen Landesrecht.

Um auch hier den personalen Bezug zwischen Betreuer und Betreutem herzustellen, muss der Verein die Betreuung bestimmten Personen (ehrenamtlichen oder hauptberuflichen Mitarbeitern des Vereins) übertragen. Der Verein muss dem Betreuungsgericht alsbald mitteilen, wer für den Verein die Betreuung wahrnimmt. Wichtig ist dabei, dass nicht diese vom Verein beauftragten Personen Betreuer im Sinne des Gesetzes werden, sondern der Verein selbst nach wie vor Betreuer bleibt und damit auch letztlich die Verantwortung trägt.

Betreuung durch bestimmte Mitarbeiter

Auch hinsichtlich der vom Verein zu beauftragenden Personen kann der zu Betreuende Vorschläge machen, denen zu entsprechen ist, sofern nicht wichtige Gründe dagegensprechen. Auf Grund des Vorrangs der Einzelbetreuung vor der Vereinsbetreuung muss der Verein dem Betreuungsgericht dann Mitteilung machen, wenn der Betreute durch Einzelbetreuer ausreichend betreut werden kann (§ 1900 I, II, III BGB).

Das Aufgabengebiet eines Vereins kann sich nicht auf die Frage einer Sterilisation beziehen (§ 1900 V BGB). Für die Entscheidungen in diesem Bereich ist stets ein besonderer Einzelbetreuer zu bestellen (§ 1899 II BGB).

Behördenbetreuung

Es sind Fälle denkbar, in denen weder geeignete Einzelbetreuer noch ein Betreuungsverein zur Verfügung stehen, auf der anderen Seite aber eine Betreuung notwendig ist. Hier muss der Gesetzgeber dafür Sorge tragen, dass im ganzen Bundesgebiet eine entsprechende Institution zur Verfügung steht. § 1900 IV BGB sieht deshalb für diesen Fall vor, dass die nach Landesrecht zuständige **Behörde** zum Betreuer bestellt wird.

Behördenbetreuung

Für die Behördenbetreuung gelten im übrigen dieselben Vorschriften wie für die Vereinsbetreuung. Die Tätigkeit der Betreuungsbehörde regelt zusätzlich das **Betreuungsbehördengesetz (BtBG).** Neben der Übernahme einer Behördenbetreuung hat die Betreuungsbehörde im Wesentlichen folgende Aufgaben:

Betreuungsbehörde

(1) Beratung und Unterstützung der Betreuer nach deren Wunsch (§ 4 BtBG);

(2) Einführung und Fortbildung der Betreuer (§ 5 BtBG);

(3) Anregung und Förderung einzelner Personen von gemeinnützigen und freien Organisationen zugunsten Betreuungsbedürftiger (§ 6 BtBG);

Aufgaben der Betreuungsbehörde

(4) Unterstützung des Betreuungsgerichts, insbesondere durch Vorschlag von als Betreuer geeigneter Personen (§ 8 BtBG).

7.4 Ausgestaltung der Betreuung

Selbst-bestimmung des Betreuten

Es gilt der Grundsatz, dass die **Selbstbestimmung** des Betreuten soweit als möglich geachtet werden muss. Dieser muss im Rahmen der gegebenen Möglichkeiten sein Leben nach eigenen Vorstellungen gestalten können. Den **Wünschen** des Betreuten hat der Betreuer insoweit zu entsprechen, als dies dessen Wohl nicht zuwiderläuft und dem Betreuer zuzumuten ist.

Besprechung wichtiger Angelegen-heiten

Der Betreuer hat die Verpflichtung, vor der Regelung **wichtiger Angelegenheiten** diese mit ihm zu besprechen (§ 1901 III S. 3 BGB). Dem Betreuer ist auch aufgegeben, im Rahmen seines Aufgabenkreises dazu beizutragen, dass, soweit möglich, durch geeignete Maßnahmen die psychische Krankheit oder die Behinderung des Betreuten entweder beseitigt oder gebessert wird. Wenn dies nicht realisierbar ist, müssen nach Möglichkeit eine Verschlimmerung verhindert oder die Folgen gemildert werden (§ 1901 IV BGB).

Der Betreuer hat das Betreuungsgericht im Interesse des Betreuten zu informieren, wenn Gründe vorliegen, den Aufgabenkreis zu **erweitern** oder einen **Einwilligungsvorbehalt** anzuordnen (§ 1901 V BGB).

Betreuer als gesetzlicher Vertreter

Eine der wichtigsten Regelungen enthält § 1902 BGB. Danach ist der Betreuer im Rahmen seines Aufgabenkreises **gesetzlicher Vertreter** des Betreuten, d. h. er vertritt ihn **gerichtlich** und **außergerichtlich**.

Fall:

A ist zum Betreuer für B mit dem Aufgabenkreis „Gesundheitsmaßnahmen" bestellt. B hat durch unvorsichtiges Überqueren der Straße als Fußgänger einen Autofahrer zu einer Vollbremsung veranlasst, wodurch der Pkw von der Straße abkam und gegen einen Gartenzaun schleuderte. Es entstand an dem Pkw ein Sachschaden in Höhe von 5 000 EUR, den der Eigentümer des Pkw nunmehr gegen B vor Gericht geltend macht. Wer vertritt B vor Gericht?

Lösung:

Es geht hier um die sogenannte Prozessfähigkeit des B. Sofern B nicht als geschäftsunfähig einzustufen ist (§ 52 ZPO), ist er als prozessfähig anzusehen. B kann den Prozess entweder selbst führen oder einen Rechtsanwalt zum Prozessbevollmächtigten bestellen. Der Betreuer wird aber prüfen, ob B dies kann. Falls er zu der Auffassung kommt, dass B dazu nicht in der Lage ist, wird er beim Betreuungsgericht die Erweiterung seines Aufgabenkreises auf die Führung dieses Prozesses beantragen und dann A im Prozess vertreten. In diesem Fall steht B für diesen Prozess einer nicht prozessfähigen Person gleich (§ 53 ZPO).

Aus Rechtsgeschäften, die der Betreuer für den Betreuten vornimmt, wird der **Betreute** berechtigt und verpflichtet; z. B. wird aus einem Kaufvertrag über ein Fernsehgerät, den der Betreuer als gesetzlicher Vertreter des Betreuten abschließt, der Verkäufer verpflichtet, dem **Betreuten** das Gerät zu übergeben und zu übereignen, während der **Betreute** verpflichtet wird, den vereinbarten Kaufpreis zu bezahlen und das Gerät abzunehmen (§ 433 BGB). Die Verpflichtung eines Vertragsteils wird gleichzeitig zum Recht des anderen.

Wenn der Betreute nach § 104 Nr. 2 BGB geschäftsunfähig ist, kann nur der Betreuer für ihn handeln (Ausnahme: § 105 a BGB s. Kap. II 3.2). Ist er dagegen geschäftsfähig, so können sowohl er als auch der Betreuer rechtsverbindliche Erklärungen abgeben (gebenenfalls eingeschränkt durch einen Einwilligungsvorbehalt).

Der Gesetzgeber geht analog dem Vormundschaftsrecht davon aus, dass der Betreuer bei für den Betreuten **besonders wichtigen Angelegenheiten** nicht allein entscheiden soll, sondern die Zustimmung des Betreuungsgerichts einholen muss, z. B. bei bestimmten vermögensrechtlichen Angelegenheiten (§ 1908 i BGB), zur Beendigung des Mietverhältnisses hinsichtlich der Wohnung des Betreuten (§ 1907 BGB), zu ärztlichen Maßnahmen, bei denen die begründete Gefahr besteht, dass der Betreute auf Grund der Maßnahme stirbt oder einen schweren und länger dauernden gesundheitlichen Schaden erleidet (§ 1904 BGB), bei einer Unterbringung des Betreuten, die gleichzeitig eine Freiheitsentziehung darstellt (§ 1906 BGB).

Genehmigung des Betreuungsgerichts

Ausschluss vom Wahlrecht

Vom Wahlrecht ist nur derjenige Betreute ausgeschlossen, für den ein Betreuer zur Besorgung **aller** seiner Angelegenheiten bestellt ist (vgl. § 13 Nr. 2 BWG).

Betreuer-
wechsel

Betreuerwechsel

Es gibt verschiedene Gründe, welche einen Betreuerwechsel erforderlich machen.

Entlassung des
Betreuers

Der § 1908 b BGB sieht eine **Entlassung des Betreuers** in folgenden Fällen vor:

(1) wenn seine Eignung nicht mehr gegeben ist oder ein anderer wichtiger Grund vorliegt;

(2) wenn der Betreuer seine Entlassung beantragt, weil ihm die Betreuung nicht mehr zuzumuten ist;

(3) wenn der Betreute eine gleich geeignete Person vorschlägt;

(4) ein Vereins- oder Behördenbetreuer ist auch dann zu entlassen, wenn der Verein oder die Behörde dies beantragt;

(5) der Verein oder die Behörde ist immer dann zu entlassen, wenn die Betreuung durch eine oder mehrere natürliche Personen erfolgen kann.

Wenn der Betreuer entlassen wird, ist unverzüglich ein neuer Betreuer zu bestellen.

Beendigung der Betreuung

Die Betreuung darf nur solange aufrechterhalten werden, wie die in § 1896 genannten Voraussetzungen vorliegen. Sind diese ganz oder

Aufhebung
der Betreuung
Einschränkung
des Aufgaben-
kreises

teilweise nicht mehr gegeben, so ist die Betreuung aufzuheben oder der Aufgabenkreis des Betreuers einzuschränken (§ 1908 d BGB). Die Betreuung ist auch dann aufzuheben, wenn der Betreute, auf dessen Antrag die Betreuung angeordnet wurde, dies beantragt, es sei denn, dass bei einem nicht nur körperlich Behinderten das Betreuungsbedürfnis fortbesteht. In diesem Fall ist die Betreuung von Amts wegen fortzuführen. Der Aufhebungsantrag ist auch dann wirksam, wenn der Betreute geschäftsunfähig ist. Die vorgenannten Grundsätze gelten auch, wenn der Aufgabenkreis des Betreuers eingeschränkt werden soll.

Einschrän-
kung/Auf-
hebung des
Einwilligungs-
vorbehalts

Soll ein **Einwilligungsvorbehalt** eingeschränkt oder aufgehoben werden, so kann dies nur erfolgen, wenn die Voraussetzungen hierfür nicht mehr gegeben sind. Da ein Einwilligungsvorbehalt nicht auf Antrag, sondern nur von Amts wegen angeordnet werden kann, kommt es hier nicht auf einen Antrag des Betreuten an (§ 1908 d BGB).

7.5 Übungsfragen

1. Was verstehen Sie unter Betreuung im Sinne des Betreuungsgesetzes?
2. Welche Voraussetzungen müssen für eine Betreuung gegeben sein?
3. Kann eine Betreuung auch schon für einen Minderjährigen angeordnet werden?
4. Wer ist für die Betreuerbestellung zuständig?
5. Muss hierfür immer ein Antrag vorliegen?
6. Welche Arten von Betreuern sind gesetzlich vorgesehen?
7. Gibt es hierfür ein Rangverhältnis?
8. Ist man als Staatsbürger zur Übernahme einer Betreuung verpflichtet?
9. Welche Aufgaben hat eine Betreuungsbehörde?
10. Inwieweit sind im Rahmen der Betreuung Wünsche des Betroffenen zu berücksichtigen?
11. Der Betreuer ist gesetzlicher Vertreter des Betreuten. Was heißt das?
12. Ist der Betreuer in seinen Entscheidungen völlig frei?
13. Welche Gründe führen zur Entlassung des Betreuers?
14. Wann muss die Betreuung aufgehoben oder der Aufgabenkreis des Betreuers eingeschränkt werden?

7.6 Weiterführende Literatur

Jürgens, Betreuungsrecht, 3. Auflage, München 2005
Zimmermann, Ratgeber Betreuungsrecht, 7. Auflage, München 2006

8. DAS VERHÄLTNIS DES BETREUTEN ZUR BETREUUNGSEINRICHTUNG UND ZU DEREN MITARBEITERN

Lernziele:
Die Studierenden lernen die rechtliche Situation des Betreuten gegenüber der Betreuungseinrichtung und deren Mitarbeitern kennen. Primär geht es dabei um die Form und die verschiedenen Inhalte eines Betreuungsvertrages. In diesem Zusammenhang spielen die Fragen der Betreuungs- und Aufsichtspflicht eine wichtige Rolle. Die Betreuung wirft immer wieder rechtliche Fragestellungen im Rahmen der Beratung, insbesondere der Rechtsberatung und gegebenenfalls eines therapeutischen Handelns auf. Auch die Möglichkeiten einer rechtlichen Vertretung des Betreuten durch den Betreuer sollen für Heilerziehungspfleger und -helfer deutlich werden. Gerade im sozialen Bereich werden Betreuern sehr viele Informationen über die Betreuten bekannt, so dass hier die Notwendigkeit besteht, über Kenntnisse in Fragen der Verpflichtung zur Geheimhaltung und des Datenschutzes zu verfügen.
Heilerziehungspfleger und -helfer werden in der Regel im Rahmen einer Betreuungseinrichtung tätig; deshalb sind auch Grundkenntnisse über den behördlichen Schutz der Betreuten in einer solchen Einrichtung notwendig.

Wohn- und Betreuungsvertrag

8.1 Wohn- und Betreuungsvertrag

Das bisher geltende Heimrecht war im Heimgesetz bundeseinheitlich geregelt. Durch die am 1. September 2006 in Kraft getretene Föderalismusreform wurde das Heimrecht aus der Zuständigkeit des Bundesgesetzgebers für die öffentliche Fürsorge bezüglich der ordnungsrechtlichen Vorschriften herausgelöst und die Zuständigkeit der Bundesländer begründet (Art. 74 I Nr. 7 GG). Hinsichtlich des Übergangs bestimmt Art. 125 a I GG, dass Bundesrecht solange fortgilt, bis es durch Landesrecht ersetzt wird. Z. B. sind am 1. Juli 2008 das Landesheimgesetz für Baden-Württemberg und in Bayern am 1. August 2008 das Gesetz zur Regelung der Pflege-, Betreuungs- und Wohnqualität im Alter und bei Behinderung (Pflege- und Wohnqualitätsgesetz – PfleWoqG) in Kraft getreten.

Das **Heimvertragsrecht** ist dem bürgerlich-rechtlichen Bereich zuzu- ordnen und fällt damit nach wie vor in die Gesetzgebungskompetenz des Bundes (Art. 74 I Nr. 1 GG). Folgerichtig hat die Bundesregierung am 11.2.2009 den Entwurf eines Gesetzes zur Neuregelung der zivilrechtlichen Vorschriften des Heim-Gesetzes nach der Föderalismusreform vorgelegt: **„Gesetz zur Regelung von Verträgen über Wohnraum mit Pflege- oder Betreuungsleistungen"** (**Wohn- und Betreuungsvertragsgesetz – WBVG**). Es ist geplant, dass das Gesetz am 1.9.2009 in Kraft tritt. Das Gesetz ist als Verbraucherschutzgesetz konzipiert. Die Definition des Verbraucherbegriffs ist in § 13 BGB enthalten, die des Unternehmers in § 14 BGB.

Die nachfolgenden Ausführungen orientieren sich an diesem Gesetzentwurf (WBVG-E).

Ein großer Teil der Heilerziehungspfleger und -helfer arbeitet in Einrichtungen, in denen pflegebedürftige und/oder Behinderte betreut werden.

Das **Rechtsverhältnis** zwischen dem Betreuten und dem Rechtsträger der Einrichtung ist ein **Vertrag**. In diesem Zusammenhang ist zu beachten, dass sich das geplante Wohn- und Betreuungsvertragsgesetz nur auf Volljährige bezieht (§ 1 I WBVG-E). Es gilt auch nicht für Internate der Berufsbildungs- und Berufsförderungswerke und für Leistungen an junge Volljährige nach § 41 SGB VIII (§ 2 Nr. 2, 3 WBVG-E). Voraussetzung für die Rechtswirksamkeit eines solchen Vertrages ist, dass der Betreute selbst von seiner Geschäftsfähigkeit her einen solchen Vertrag schließen kann, andernfalls muss sein gesetzlicher Vertreter (Betreuer) für ihn handeln. Wenn der Bewohner zum Zeitpunkt des Vertragsabschlusses geschäftsunfähig war, so gilt der Vertrag hinsichtlich einer bereits erbrachten Leistung und deren Gegenleistung als wirksam geschlossen (§ 4 II S. 3 WBVG-E).

Der Einrichtungsträger hat die Verpflichtung, den Verbraucher vor Abgabe von dessen Vertragserklärung in verständlicher Weise über sein allgemeines und das für den Verbraucher in Betracht kommende Leistungsangebot, die dafür zu zahlenden Entgelte und das Gesamtentgelt zu informieren. Die Informationspflichten sind im Einzelnen in § 3 II, III WBVG-E dargestellt.

Nach § 6 I WBVG-E ist der Vertrag schriftlich (nicht in elektronischer Form) abzuschließen und eine Ausfertigung dem Verbraucher auszuhändigen.

[Marginalien: Heim-vertragsrecht]

[Marginalie: Schriftform]

Mindestinhalt des Vertrags

In § 6 III WBVG-E ist der **Mindestinhalt des Vertrages** wie folgt beschrieben:

(1) Die Leistungen des Unternehmers müssen nach Art, Inhalt und Umfang einzeln beschrieben sein.

(2) Die dafür zu zahlenden Entgelte sind entsprechend § 6 III Nr. 2 WBVG-E anzugeben.

(3) Die nach § 3 WBVG-E als Vertragsgrundlage gegebenen Informationen müssen benannt und die davon bestehenden Abweichungen gesondert kenntlich gemacht werden.

Der Gesetzgeber hatte schon bisher großen Wert darauf gelegt, die Mitwirkung der Heimbewohner an der Gestaltung des Heimbetriebes abzusichern. § 10 I S. 1, 2 des durch Landesrecht abzulösenden Heimgesetzes lautet deshalb:

Heimbeirat

„Die Bewohnerinnen und Bewohner wirken durch einen **Heimbeirat** in Angelegenheiten des Heimbetriebs wie Unterkunft, Betreuung, Aufenthaltsbedingungen, Heimordnung, Verpflegung und Freizeitgestaltung mit. Die Mitwirkung bezieht sich auch auf die Sicherung einer angemessenen **Qualität der Betreuung** im Heim und auf die Leistungs-, Vergütungs-, Qualitäts- und Prüfungsvereinbarungen nach § 7 Abs. 4 und 5."

Heimmitwirkungsverordnung

Diese Bestimmung gilt solange, bis sie durch Landesrecht ersetzt wird, ebenso die **Heimmitwirkungsverordnung**, welche die nähere Ausgestaltung der Mitwirkung festgelegt, die **Verordnung über bauliche Mindestanforderungen** und die **Verordnung über personelle Anforderungen für Heime**.

Wesentlicher Inhalt der Heimmitwirkungsverordnung ist primär die Bildung und Zusammensetzung des Heimbeirats.

Bayern hat z. B. in seinem Pflege- und Wohnqualitätsgesetz das Bundesrecht bereits insoweit umgesetzt, als eine grundsätzliche Regelung für die Vertretung der Bewohnerinnen und Bewohner getroffen wurde. § 9 PfleWoqG sieht vor, dass die Bewohnervertretung in Angelegenheiten des Betriebs der stationären Einrichtung mitwirkt. Die nähere Ausgestaltung ist einer Rechtsverordnung vorbehalten (§ 25 I Nr. 3 PfleWoqG). Bis zum Inkrafttreten dieser Rechtsverordnung gilt die Heimmitwirkungsverordnung (§ 27 II PfleWoqG).

Jeder Heimbewohner hat hiernach das aktive und passive Wahlrecht, wobei jetzt auch Personen, die nicht im Heim wohnen, z. B. Angehörige und sonstige Vertrauenspersonen, in den Heimbeirat gewählt werden können.

Die Aufgaben des Heimbeirats sind in § 29 HeimmwV niedergelegt. Seine Mitwirkung bezieht sich im Wesentlichen auf folgende Angelegenheiten (§ 30 HeimmwV):

(1) Aufstellung oder Änderung der Musterverträge für Bewohnerinnen und Bewohner und der Heimordnung,
(2) Maßnahmen zur Verhütung von Unfällen,
(3) Änderung der Entgelte des Heims,
(4) Planung und Durchführung von Veranstaltungen,
(5) Alltags- und Freizeitgestaltung,
(6) Unterkunft, Betreuung und Verpflegung,
(7) Erweiterung, Einschränkung oder Einstellung des Heimbetriebes,
(8) Zusammenschluss mit einem anderen Heim,
(9) Änderung der Art und des Zweckes des Heimes oder seiner Teile,
(10) umfassende bauliche Veränderungen oder Instandhaltungen des Heimes,
(11) Mitwirkung bei Maßnahmen zur Förderung einer angemessenen Qualität der Betreuung,
(12) Mitwirkung bei Entgelterhöhungen, soweit Personen betroffen sind, die Leistungen nach dem SGB XI bzw. SGB XII erhalten.

8.2 Betreuungs- und Aufsichtspflicht

Gerade auch für die Berufsgruppe der Heilerziehungspfleger und -helfer spielen die Fragen der Betreuungs- und Aufsichtspflicht für den beruflichen Alltag eine wesentliche Rolle. Eine begriffliche Unterscheidung zwischen **Betreuungspflicht** auf der einen Seite und **Aufsichtspflicht** auf der anderen Seite ist schon deshalb notwendig, weil die Aufsichtspflicht im Sinne des BGB (§ 832) nicht den Schaden umfasst, den der Betreute selbst erleidet.

Betreuungs- und Aufsichtspflicht

Inhalt der Betreuungspflicht

Der **Betreute** darf während der Betreuungszeit keinen Schaden erleiden, den der Betreuer durch fehlerhaftes Verhalten **schuldhaft** verursacht hat. Darunter fällt auch eine Selbstschädigung. Die Betreuungspflicht umfasst auch den Schaden, den ein Betreuer einem anderen **Betreuten** zugefügt hat.

Betreuungspflicht

Fall:

In einer Einrichtung für geistig Behinderte leiten Sie eine Wohngruppe. Sie erhalten einen Anruf, dass A, eines Ihrer Gruppenmitglieder, in das Arztzimmer kommen soll, das sich in einem anderen Gebäude der Einrichtung befindet. A geht allein dorthin. Auf dem Weg wird A von einem Pkw angefahren und erheblich verletzt. Nach den Angaben des Pkw-Fahrers sei A, ohne auf den Verkehr zu achten, plötzlich über die Straße gelaufen. Liegt eine Betreuungspflichtverletzung vor?

Lösung:

Eine Betreuungspflichtverletzung wäre nur gegeben, wenn A auf Grund der Behinderung nicht **allein** zum Arzt gehen konnte, Sie A aber trotzdem allein dorthin gehen ließen.

Aufsichts-
pflicht

Inhalt der Aufsichtspflicht

Der Betreuer muss dafür Sorge tragen, dass der Betreute keiner **dritten Person** einen Schaden zufügt, den er hätte verhindern können (§ 832 BGB). § 832 BGB: „Wer kraft Gesetzes zur Führung der Aufsicht über eine Person verpflichtet ist, die wegen Minderjährigkeit oder wegen ihres geistigen oder körperlichen Zustandes der Beaufsichtigung bedarf, ist zum Ersatz des Schadens verpflichtet, den diese Person einem **Dritten** widerrechtlich zufügt. Die Ersatzpflicht tritt nicht ein, wenn er seiner Aufsichtspflicht genügt oder wenn der Schaden auch bei gehöriger Aufsichtsführung entstanden sein würde. Die gleiche Verantwortlichkeit trifft denjenigen, der die Führung der Aufsicht durch Vertrag übernimmt."

Fall:

A (22), erheblich geistig behindert, den Sie in Ihrer Gruppe in einer Werkstatt für behinderte Menschen betreuen, geht zu dem an die Werkstatt angrenzenden Parkplatz. In einem plötzlichen Wutanfall zerkratzt er eine Autotüre des dort abgestellten Pkw eines Besuchers. Es entsteht ein Sachschaden von 1 500 EUR. Der Eigentümer des Pkw verlangt den Schaden vom Rechtsträger der Werkstatt. Muss dieser bzw. seine Haftpflichtversicherung den Schaden bezahlen?

> *Lösung:*
> Der Träger der Werkstatt würde nur im Falle der Aufsichtsverletzung haften. Hier kommt es entscheidend darauf an, ob Sie es hätten auf Grund der Behinderung des A verhindern müssen, dass sich A allein außerhalb der Werkstatt ohne Aufsicht aufhält. Wenn keine Notwendigkeit dafür bestand, ist keine Haftung des Trägers der Werkstatt gegeben.

Sowohl bei der Verletzung der Betreuungspflicht als auch der Aufsichtspflicht beruht die Schadenersatzpflicht auf zwei Voraussetzungen: Die Unterlassung durch den Betreuer muss für den Schaden **ursächlich** sein.

Ursächlichkeit für den Schaden

Das Verhalten des Betreuers muss als **schuldhaft** einzustufen sein, d. h. er muss die (mögliche) Schadensabwendung **fahrlässig** unterlassen haben. Eine Haftung ist dann nicht gegeben, wenn der Betreuungs- und Aufsichtspflichtige seiner Pflicht entsprochen hat oder der Schaden trotz der entsprechenden Wahrnehmung der Verpflichtung entstanden ist, also nicht zu verhindern war. Immer muss auch berücksichtigt werden, in welchem Ausmaß der Betreute aufsichtsbedürftig ist. Dies hängt beispielsweise von seinem Alter, seinen Verhaltensweisen und dem Grad seiner Behinderung ab. Hier ist aber auch das **Selbstbestimmungsrecht** des Betreuten zu berücksichtigen, das sich aus Art. 1 I GG (Schutz der Menschenwürde) und aus Art. 2 I GG (Freie Entfaltung der Persönlichkeit) ergibt, bei Minderjährigen auch aus § 1626 II S. 1 BGB).

Verschulden

Die Betreuungs- und Aufsichtspflicht erstreckt sich auf **Minderjährige**, aber auch auf **Volljährige,** die „wegen ihres geistigen oder körperlichen Zustandes der Beaufsichtigung" bedürfen (vgl. § 832 I BGB). Darunter sind Kranke sowie geistig/seelisch und/oder körperlich Behinderte zu verstehen.

Aufsichtsbedürftige

Die Betreuungs- und Aufsichtspflicht beruht auf dem **Gesetz** bei Eltern (§§ 1626 I, 1631 I BGB), einem Vormund/Pfleger (§§ 1793, 1909, 1915 BGB), einem Betreuer (§ 1896 BGB) oder auf einem **Vertrag,** z. B. Übernahme durch den Rechtsträger einer Betreuungseinrichtung.

Gesetz

Vertrag

Heilerziehungspfleger bzw. -helfer übernehmen diese Verpflichtung im Rahmen ihres **Arbeitsvertrages,** jemand, der sich in Ausbildung befindet, gegebenenfalls durch den **Ausbildungsvertrag.**

Die Betreuungs- und Aufsichtspflicht umfasst

Information
(1) die **gründliche Information** über den zu Beaufsichtigenden, wobei das gesamte Persönlichkeitsbild Aufschluss über die notwendigen Aufsichtsmaßnahmen gibt;

Unterrichtung
(2) die der Aufnahmefähigkeit angepasste **Unterrichtung** des zu Beaufsichtigenden über mögliche Gefahren und deren Folgen;

Überwachung
(3) das notwendige Maß der **Überwachung** des zu Beaufsichtigenden;

Informationsweitergabe
(4) die Weitergabe notwendiger **Informationen** an andere Betreuungskräfte, z. B. bei der dienstplanmäßigen Ablösung durch Kollegen.

Haftung des Betreuers
Für eine schuldhafte Verletzung der Betreuungs- und Aufsichtspflicht haftet der Heilerziehungspfleger bzw. -helfer selbst.

Haftung der Einrichtung
Neben dem Mitarbeiter kann auch der **Einrichtungsträger** haften. Zu unterscheiden ist hier zwischen Betreuungs- und Aufsichtspflichtverletzung. Bei einer **Betreuungspflichtverletzung** haftet der Einrichtungsträger aufgrund des Betreuungsvertrages, der zwischen ihm und dem Betreuten abgeschlossen wurde. Der Mitarbeiter wird bei der

Erfüllungsgehilfe
Erfüllung dieses Vertrages tätig (**Erfüllungsgehilfe**). In diesem Falle wird das Verschulden des Mitarbeiters so behandelt, wie wenn es eigenes Verschulden des Einrichtungsträgers wäre (§ 278 BGB). Der Einrichtungsträger hat keine Entlastungsmöglichkeit.

Bei einer Verletzung der **Aufsichtspflicht** besteht keine vertragliche Verpflichtung gegenüber dem Geschädigten. Der Mitarbeiter wird als

Verrichtungsgehilfe
sogenannter **Verrichtungsgehilfe** im Sinne des § 831 BGB tätig. Hier kann sich der Einrichtungsträger dann entlasten, wenn er bei der **Auswahl** des betreffenden Mitarbeiters und dessen **Überwachung** die notwendige Sorgfalt beachtet hat oder wenn der Schaden trotz dieser Sorgfalt entstanden wäre.

Wenn allerdings der Schaden auf einen sogenannten **Organisationsmangel** (z. B. zu wenig Betreuungspersonal in einer Gruppe von Behinderten) zurückzuführen ist, so haftet nur der Einrichtungsträger.

Fall:

In einer heilpädagogischen Einrichtung für verhaltensauffällige Kinder in einer Stadt ist auch der 10-jährige A untergebracht, der zu Unbesonnenheit neigt. Die Gruppenleiterin erlaubt ihm, mit dem Fahrrad in die Innenstadt zu fahren, obwohl dort, wie sie weiß, regelmäßig starker Verkehr herrscht.

In der Innenstadt biegt A, ohne ein Zeichen zu geben, nach links in eine Seitenstraße ab. Ein entgegenkommender Autofahrer muss deswegen scharf abbremsen, der nachfolgende Pkw fährt auf ihn auf.
Haftet der Einrichtungsträger für den Schaden an beiden Pkw?

Lösung:
Die Gruppenleiterin hat in diesem Fall ihre Aufsichtspflicht verletzt. Sie hätte A nicht allein in die Innenstadt fahren lassen dürfen, einmal wegen des dort herrschenden starken Verkehrs, zum anderen weiß sie, dass A zu Unbesonnenheit und Leichtsinn neigt. Wie sich jetzt herausstellt, weiß der Heimträger aus mehreren Vorfällen schon seit längerer Zeit, dass die Gruppenleiterin es mit der Einhaltung der Aufsichtspflicht nicht genau nimmt, ohne dass er etwas dagegen unternommen hat. Damit haftet neben der Gruppenleiterin auch der Einrichtungsträger, weil er es unterlassen hat, die Gruppenleiterin entsprechend zu überwachen.

Die Einrichtungsträger haben regelmäßig eine **Haftpflichtversicherung,** auch für Haftungsfälle aus Verletzung der Betreuungs- und Aufsichtspflicht. Ob diese Versicherung auch eine Haftung des **Mitarbeiters** umfasst, sollte vor Übernahme eines Arbeitsverhältnisses in einer Betreuungseinrichtung geklärt werden. Wenn dies nicht der Fall ist, ist der Abschluss einer **Berufshaftpflichtversicherung** angezeigt.
(Randnotiz: Haftpflichtversicherung)

Eine Verletzung der Betreuungs- und Aufsichtspflicht hat unter Umständen auch **arbeitsrechtliche Konsequenzen** (Mahnung, Abmahnung bis – z. B. in Wiederholungsfällen – zur Kündigung).
(Randnotiz: Arbeitsrecht)

Die Verletzung oder Tötung eines zu Beaufsichtigenden durch Verletzung der Betreuungs- und Aufsichtspflicht kann gegen den Betreuer die Einleitung eines **Strafverfahrens** wegen fahrlässiger Körperverletzung oder fahrlässiger Tötung zur Folge haben.
(Randnotiz: Strafrecht)

Man muss davon ausgehen, dass derjenige, dem die Betreuungs- und Aufsichtspflicht übertragen wurde (z. B. dem Heilerziehungspfleger A), dieser Verpflichtung in eigener Person nachkommen muss. Eine Weiterübertragung der tatsächlichen Aufsicht an andere Personen ist nur bei besonderen Situationen zulässig.
(Randnotiz: Delegation)

> *Beispiel:*
> Bei einer Wanderung verletzt sich ein Gruppenmitglied. Der Gruppenleiter beauftragt einen Praktikanten, dieses Gruppenmitglied nach Hause zu bringen. Der Gruppenleiter darf dies nur, wenn er sich von der menschlichen und fachlichen Eignung des Praktikanten vorher überzeugt hat.

Haftung des Heilerziehungspflegers bzw. -helfers und/oder der Betreuungseinrichtung bei Verletzung der Betreuungs- und Aufsichtspflicht

Haftungs-grundlage	Betreuungspflicht-verletzung		Aufsichtspflicht-verletzung	
	Betreuer	Einrichtung	Betreuer	Einrichtung
Gesetz	§ 823 BGB	–	§§ 823, 832 II BGB	§ 831 BGB (Haftung für den Ver-richtungs-gehilfen)
Vertrag	Arbeitsver-trag (Vertrag mit Schutz-wirkung zugunsten Dritter)	Betreuungs-vertrag (Haf-tung für den Erfüllungs-gehilfen – § 278 BGB)	–	–

Beratung/ Therapie

8.3 Rechtsfragen der Beratung und Therapie

Grundsätzlich ist jemand, der einen Rat oder eine Empfehlung gibt, nicht für einen Schaden verantwortlich, der sich aus der Befolgung des Rates oder der Empfehlung ergibt (§ 675 II BGB). Ausnahmen von dieser Regel bestehen aber dann, wenn die Beratung im Rahmen eines Vertrages erfolgt (z. B. eines Betreuungsvertrages) oder wenn der Rat wissentlich falsch oder leichtfertig erteilt wird. In diesen Fällen haftet der Berater für die **Richtigkeit** und **Vollständigkeit** des Rates.

Sozialleis-tungsträger: Auf Grund des umfangreichen und komplizierten Sozialrechts ist den Sozialleistungsträgern (vgl. Kap. III, 2.3) als besondere Dienstleistung die **Aufklärung, Beratung** und **Auskunft** auferlegt (§§ 13, 14, 15 SGB I). Zur Beratung ist derjenige Leistungsträger verpflichtet, dem gegenüber gegebenenfalls Ansprüche bestehen (z. B. gegenüber dem Rentenversicherungsträger). Die Beratungspflicht bezieht sich nur auf den Zuständigkeitsbereich dieses Leistungsträgers.

Aufklärung
Beratung
Auskunft

Auch bei gemeinsamer elterlicher Sorge hat ein Elternteil das Recht, sich ohne Zustimmung des anderen Elternteils bezüglich der Ausübung der elterlichen Sorge beraten zu lassen (z. B. durch eine Erziehungsberatungsstelle). Damit ist noch kein Eingriff in das Elternrecht des anderen Elternteils gegeben.

Alleinberatung eines Elternteils

Das Kinder- und Jugendhilfegesetz (SGB VIII) klärt auch die Frage, inwieweit Kinder und Jugendliche ohne Zustimmung der Personensorgeberechtigten beraten werden dürfen. Kinder und Jugendliche haben das Recht, sich in allen Fragen der Erziehung und Entwicklung an das Jugendamt zu wenden (§ 8 II SGB VIII). Sie können auch in Not- und Konfliktsituationen durch das Jugendamt beraten werden, ohne dass die Personensorgeberechtigten etwas davon erfahren. Dies gilt allerdings nur solange, als der Beratungszweck durch die Mitteilung an die Personensorgeberechtigten vereitelt würde (§ 8 III SGB VIII). Das wäre dann der Fall, wenn die Minderjährigen erhebliche Nachteile in Kauf nehmen müssten (z. B. körperliche Züchtigung).

Beratung durch das Jugendamt

Soweit Jugendliche bei Maßnahmen des Familiengerichts ein eigenes Beschwerderecht haben (§ 60 FamFG), können sie auch **unabhängig von den Personensorgeberechtigten** beraten werden. Dies gilt beispielsweise bei folgenden Verfahren:

Beratung bei eigenem Beschwerderecht

Recht des nichtsorgeberechtigten Elternteils zum persönlichen Umgang (§§ 1684 BGB),
Gefährdung des Kindeswohls (§ 1666 BGB) und
Regelung der elterlichen Sorge nach Trennung der Eltern bei bisheriger gemeinsamer elterlicher Sorge (§ 1671 BGB).

Gerade bei jungen Menschen und Behinderten aller Altersgruppen sind oft **therapeutische Angebote** in vielfältigen Formen notwendig. Wenn eine Therapie im Rahmen einer Betreuungseinrichtung durchgeführt wird, besteht die Verpflichtung, dies nach den anerkannten wissenschaftlichen Regeln zu gestalten. Regelmäßig wird für die Durchführung keine Erfolgsgarantie übernommen.

Therapie

Rechtsdienst-
leistung

8.4 Rechtsdienstleistung

Das neue Rechtsdienstleistungsgesetz (RDG) hat ab 1. Juli 2008 das frühere Rechtsberatungsgesetz abgelöst. Es regelt die Befugnis, **außergerichtliche Rechtsdienstleistungen** zu erbringen (§ 1 I S. 1 RDG).

Damit ist es auch für die Mitarbeiter im Bereich der Heilerziehungspflege von Beutung, weil diese im Rahmen ihrer Tätigkeit gegebenenfalls auch mit Rechtsfragen der Betreuten konfrontiert werden und sich die Frage stellt, inwieweit sie im Bereich der Rechtsdienstleistung tätig werden sollen und dürfen.

Die frühere Unterscheidung in Rechtsberatung und Rechtsbesorgung fasst das RDG in den Begrifft „Rechtsdienstleistung" zusammen, die in § 2 l so umschrieben wird:

„Rechtsdienstleistung ist jede Tätigkeit in konkreten **fremden** Angelegenheiten, sobald sie eine **rechtliche Prüfung des Einzelfalls** erfordert."

Für die Heilerziehungspflege ist vor allem die Regelung des § 5 I RDG relevant, da die Mitarbeiter in diesem Bereich in der Regel im **Rahmen einer Institution** tätig sind. Diese Bestimmung erlaubt „Rechtsdienstleistungen **im Zusammenhang mit einer anderen Tätigkeit,** wenn sie als **Nebentätigkeit** zum Berufs- oder Tätigkeitsbild gehören." Die Beurteilung, ob eine Nebentätigkeit vorliegt, „ist nach ihrem Inhalt, Umfang und sachlichen Zusammenhang mit der Haupttätigkeit unter Berücksichtigung der Rechtskenntnisse zu beurteilen, die für die Haupttätigkeit erforderlich sind." Diese Rechtskenntnisse werden primär durch den Rechtskundeunterricht während der Ausbildung und eine entsprechende Fortbildung vermittelt.

Von Bedeutung ist im institutionellen Bereich auch die Regelung des § 8 l Nr.5 RDG, wonach Rechtsdienstleistungen durch **Verbände der freien Wohlfahrtspflege** und **anerkannte Träger der freien Jugendhilfe** dann erlaubt sind, wenn diese Leistungen „im Rahmen ihres Aufgaben- und Zuständigkeitsbereichs" erbracht werden. Diese Institutionen müssen allerdings dafür Sorge tragen, dass diese Dienstleistungen durch eine entsprechende juristische Anleitung der Mitarbeiter sachgerecht erbracht werden (§ 8 II RDG). Für einen Schaden, der durch eine fehlerhafte Rechtsdienstleistung eingetreten ist, besteht gegebenenfalls eine Schadenersatzpflicht (Vertragshaftung/deliktische Haftung – §§ 280, 823 BGB).

8.5 Geheimhaltungspflicht und Datenschutz

Geheimhaltungspflicht

Jeder Mensch hat einen Anspruch auf Schutz seiner personenbezogenen Daten. Diesen schon im GG dokumentierten Schutz hat das Bundesverfassungsgericht im sogenannten „Volkszählungsurteil" vom 15. 12. 1983 (BVerfGE 61, 1 ff.) ausführlich begründet. Nach Auffassung des Gerichts umfasst das allgemeine Persönlichkeitsrecht (Art. 2 I GG) „auch die aus dem Gedanken der Selbstbestimmung folgende Befugnis des Einzelnen, grundsätzlich selbst zu entscheiden, wann und innerhalb welcher Grenzen persönliche Sachverhalte offenbart werden. Dies entspricht auch der Menschenwürde (Art. 1 I S. 1 GG)".

Schutz personenbezogener Daten

Den Mitarbeitern im Bereich der Heilerziehungspflege werden eine Reihe von Informationen bekannt, die nicht für unbefugte Dritte bestimmt sind. In diesem Falle haben die Mitarbeiter eine **Geheimhaltungspflicht,** bei deren Verletzung sowohl zivilrechtliche Schadenersatzansprüche wie auch gegebenenfalls eine strafrechtliche Ahndung drohen.

Geheimhaltungspflicht

Allerdings handelt es sich bei dem Recht des Einzelnen auf Geheimhaltung seiner persönlichen Daten um kein **absolutes Recht.** Dieses hat dort seine Grenze, wo das Recht eines anderen oder der Gesellschaft auf entsprechende Informationen überwiegt (z. B. Meldepflicht einer Einrichtung nach § 47 SGB VIII oder Anzeigepflicht bei einem durch einen Betreuten geplanten Tötungsdelikt [§ 138 I Nr. 5 StGB]).

Die Geheimhaltungspflicht steht auch in direktem Zusammenhang mit dem **Zeugnisverweigerungsrecht** vor Gericht. Dabei ist zwischen einem Zivil- oder Strafverfahren zu unterscheiden.

Zeugnisverweigerungsrecht

Da Heilerziehungspfleger und -helfer gegenüber den Betreuten eine besondere Vertrauensstellung haben, müssen sie in **Zivilsachen** nur dann aussagen, wenn sie von der Verschwiegenheitspflicht entbunden sind (§§ 383 I Nr. 6 ZPO, 29 II FamFG). In einem **Strafverfahren** steht dem Heilerziehungspfleger bzw. -helfer in der Regel kein Zeugnisverweigerungsrecht aus beruflichen Gründen zu (§§ 53, 53 a StPO).

Das **Strafrecht** enthält eine eigene Vorschrift für den Fall der **Verletzung von Privatgeheimnissen** (§ 203 StGB). Heilerziehungspfleger bzw. -helfer sind zwar bei den dort genannten Personengruppen nicht namentlich genannt. Aber nach § 203 III StGB werden sie in diese

Strafrechtlicher Schutz

Strafbestimmung einbezogen, wenn sie als **Mitarbeiter** einer der dort genannten Personengruppen ein Privatgeheimnis verletzen. Heilerziehungspfleger bzw. -helfer kommen vor allem als Mitarbeiter von Berufspsychologen (§ 203 I Nr. 2 StGB) sowie von staatlich anerkannten Sozialarbeitern/Sozialpädagogen (§ 203 I Nr. 5 StGB) in Betracht.

Vorsatz Eine Strafverfolgung ist aber nur dann möglich, wenn eine **vorsätzliche Tat** vorliegt und der Betroffene bzw. sein gesetzlicher Vertreter

Strafantrag einen sogenannten **Strafantrag** stellt (§ 205 I, 77 StGB). Eine Verfolgung von Amts wegen erfolgt nicht.

Sofern ein rechtfertigender Notstand vorliegt, ist keine rechtswidrige Handlung gegeben (§ 34 StGB).

Fall:

Der Heilerziehungspfleger A arbeitet in einer Behindertengruppe, deren Leitung ein Sozialpädagoge hat. Eines Tages erfährt A von dem Gruppenmitglied B, dass sich dieser an einem anderen Gruppenmitglied rächen will, weil dieses Mitglied ihn angeblich beleidigt hat. A informiert den gerade anwesenden gerichtlich bestellten Betreuer des B von dessen Absicht mit dem Ziel, auf B entsprechend einzuwirken, damit B von seinem Vorhaben ablässt. Hat sich A nach § 203 StGB strafbar gemacht?

Lösung:

Eine strafbare Handlung liegt nicht vor, weil A nicht rechtswidrig gehandelt hat. Er konnte diese Information weitergeben, um Schaden von dem bedrohten Gruppenmitglied abzuwenden (§ 34 StGB).

Datenschutz **Datenschutz**

Der Datenschutz stellt sich als eine besondere Form der Geheimhaltungspflicht dar. Seine Aufgabe ist es, solche personenbezogenen Daten besonders zu schützen, die **gespeichert** werden, wobei unter Speicherung „das Erfassen, Aufnehmen oder Aufbewahren personenbezogener Daten auf einem Datenträger zum Zweck der weiteren Verarbeitung oder Nutzung" verstanden wird (§ 3 IV Nr. 1 BDSG). Bei

Datei einer **Datei** kann es sich um eine elektronische oder eine nicht-elektronische Datei handeln, so dass auch eine einfache Kartei eine Datei darstellt (§ 3 II BDSG).

Akten sind nur dann als Datei anzusehen, wenn sie gleichartig aufge-
baut und nach bestimmten Merkmalen zugänglich sind und ausgewer-
tet werden können (§ 3 II S. 2 BDSG).

Gesetzliche Grundlagen bilden für den jeweiligen Anwendungsbereich
das **Bundesdatenschutzgesetz (BDSG)** und die **Datenschutzgesetze
der Länder.** Im Bereich des Sozialrechts sind die besonderen Vorschriften über den **Schutz der Sozialdaten** (§§ 35 SGB I, 67 ff. SGB X) zu
beachten, die Vorrang vor dem BDSG haben (§ 1 III S. 1 BDSG).

Die **Kirchen** haben auf Grund des ihnen durch das GG eingeräumten
Selbstverwaltungsrechts (Art. 140 GG, 137 III WRV) das Recht, den
Datenschutzbereich eigenständig zu regeln (vgl. § 15 IV BDSG). Die
katholische Kirche hat dies z. B. mit der „Anordnung über den kirchli-
chen Datenschutz" (KDO) getan. Die KDO entspricht in wesentlichen
Zügen dem BDSG.

In diesem Zusammenhang ist auf die Vorschrift des § 78 SGB X hinzuweisen, nach welcher Einrichtungen der freien Wohlfahrtspflege, z. B.
Einrichtungen für Behinderte, zum Sozialdatenschutz in derselben
Weise verpflichtet sind wie die öffentlichen Sozialleistungsträger. Die
Einrichtungen haben die Verpflichtung, ihre mit diesen Daten befass-
ten Mitarbeiter besonders auf diese Datenschutzbestimmungen hinzuweisen. Auch die Vorschrift des § 61 III SGB VIII geht in dieselbe
Richtung. Danach hat der öffentliche Träger der Jugendhilfe sicherzustellen, dass diejenigen Träger der freien Jugendhilfe, die von den
öffentlichen Trägern im Rahmen der Hilfe in Anspruch genommen
werden, den Schutz der Sozialdaten in derselben Weise wie die öffentlichen Träger gewährleisten.

Der **Umgang mit personenbezogenen Daten** ist wie folgt geregelt:

Akten

Gesetzliche Grundlagen

Datenschutz in kirchlichen Einrichtungen

Datenerhebung

Die Datenerhebung ist nur insoweit zulässig, als ihre Kenntnis zur
Erfüllung der jeweiligen Aufgabe erforderlich ist. Eine Betreuungs-
einrichtung darf z. B. nur diejenigen Daten erheben, die sie für ihre
Aufgabenstellung benötigt.

Daten-erhebung

Datenspeicherung

Eine Speicherung personenbezogener Daten ist nur zulässig, wenn sie
für die Aufgabenerfüllung der speichernden Stelle erforderlich ist und
für die Zwecke erfolgt, für welche die Daten erhoben wurden.

Daten-speicherung

Daten-
veränderung

Datenveränderung

Darunter versteht man jede inhaltliche Umgestaltung der gespeicherten Daten (z. B. wenn sich bei den Personalangaben eines Klienten die Anschrift ändert).

Daten-
übermittlung

Datenübermittlung

Datenübermittlung ist die Weitergabe gespeicherter oder durch Datenverarbeitung gewonnener Daten an **dritte** Personen (z. B. durch eine Rehabilitationseinrichtung an eine Behörde auf Grund einer Anfrage).

Daten-
sperrung/
Daten-
löschung

Datensperrung/Datenlöschung

Durch Sperrung der Daten wird die weitere Verarbeitung oder Nutzung eingeschränkt. Löschung bedeutet Unkenntlichmachung. Diese hat immer dann zu erfolgen, wenn die Daten für die Erfüllung der Aufgabe nicht mehr erforderlich sind. An die Stelle der Löschung tritt die Sperrung, wenn dies schutzwürdige Interessen des Betroffenen gebieten.

Verarbeitung

Die **Verarbeitung** (Speichern, Verändern, Übermitteln, Sperren, Löschen) und **Nutzung** (= jede Verwendung der Daten, soweit keine Verarbeitung vorliegt) personenbezogener Daten ist nur zulässig, wenn hierfür eine Rechtsgrundlage besteht oder der Betroffene eingewilligt hat (§ 4 I BDSG).

Besondere Vorsicht ist bei der Übermittlung personenbezogener Daten an Dritte geboten. Hier muss immer sorgfältig geprüft werden, ob der Dritte gesetzlich berechtigt ist, diese Daten zu erhalten, oder ob die Einwilligung des Betroffenen vorliegt. Die übermittelnde Stelle trägt dafür die Verantwortung.

Die Datenspeicherung, -veränderung und -nutzung ist in der Regel nur dann zulässig, wenn sie zur Erfüllung der Aufgaben der speichernden Stelle (z. B. einer Behinderteneinrichtung) erforderlich ist und sie für die Zwecke erfolgt, für welche die Daten erhoben worden sind (vgl. § 14 BDSG).

Bei Weitergabe von Informationen aus **Akten** an andere Personen gelten für Akten die Datenschutzbestimmungen dann, wenn die Akten eine nichtautomatisierte Datei im Sinne des § 3 II S. 2 BDSG darstellen. Zu beachten ist, dass in der Kinder- und Jugendhilfe für die Daten der persönlichen und erzieherischen Hilfe ein besonderer Vertrauensschutz besteht (§ 65 SGB VIII).

Fall:

In einer Einrichtung eines freien Trägers wird der 13-jährige A im Rahmen der Eingliederungshilfe für seelisch behinderte Kinder betreut. Das Jugendamt wünscht zur Fortschreibung des Hilfeplanes einen umfassenden Bericht, der im Wesentlichen aus den für A geführten Akten erstellt werden muss. Es besteht in der Einrichtung Unklarheit, ob bestimmte Informationen an das Jugendamt weitergegeben werden dürfen, zumal auf Grund des guten Vertrauensverhältnisses zur Gruppenleiterin eine Reihe von sehr persönlichen Informationen in den Akten enthalten sind.

Lösung:

Das Jugendamt hat nur Anspruch auf diejenigen Informationen, die zur Beurteilung der mit der Hilfegewährung in Zusammenhang stehenden Fragen notwendig sind, nicht auf Akteninhalte, die darauf keinen Einfluss haben.

Wenn Akten nicht dem Datenschutz unterliegen, so gilt für ihren Inhalt selbstverständlich die dienstliche Verschwiegenheitspflicht. Dies bedeutet, dass Informationen nur mit Einwilligung des (einsichtsfähigen) Betroffenen bzw. seines gesetzlichen Vertreters weitergegeben werden dürfen, außer es würde dem Betroffenen eine erhebliche Gefahr durch die Nichtweitergabe drohen, z. B. Informationen an einen Arzt wegen einer erheblichen Erkrankung (vgl. § 34 StGB).

Fall:

A (28) ist schwer geistig behindert und hat deswegen einen Betreuer. Er soll in eine andere Behinderteneinrichtung verlegt werden. Es stellt sich die Frage, ob die über ihn geführten Akten ohne weiteres an die neue Einrichtung weitergegeben werden dürfen.

Lösung:

Zur Übersendung der Akten ist die Einwilligung des Betreuers erforderlich, weil die dienstliche Schweigepflicht ansonsten die Weitergabe verbieten würde.

Auskunft an den Betroffenen

Auskunft an den Betroffenen

Es gilt der Grundsatz, dass der Betroffene einen **Anspruch auf Auskunft** hinsichtlich der zu seiner Person gespeicherten Daten hat (§§ 19, 34 BDSG). Eine Auskunft unterbleibt dann, wenn schutzwürdige Interessen eines Dritten der Auskunft entgegenstehen. Die **Form** der Auskunft bestimmt die speichernde Stelle nach pflichtgemäßem Ermessen. Soweit es sich um Angaben handelt, welche die Entwicklung und Entfaltung der Persönlichkeit des Betroffenen beeinträchtigen könnten, kann die Auskunft auch durch einen lebens- und berufserfahrenen Mitarbeiter erteilt werden (vgl. §§ 83, 25 II SGB X).

Fall:

Der Heilerziehungspfleger A ist Leiter einer Gruppe von seelisch behinderten Jugendlichen. B, Mitglied dieser Gruppe, möchte Einblick in die zu seiner Person geführten Unterlagen, um festzustellen, ob dort Informationen enthalten sind, welche die Scheidung seiner Eltern betreffen.
Kann Auskunft erteilt werden?

Lösung:

Ein Einsichtsrecht in die Unterlagen ist dann nicht gegeben, wenn die Eltern daran interessiert sind, dass diese Informationen ihrem Sohn/ihrer Tochter nicht bekannt werden.

Betriebserlaubnis/ Anzeigepflicht/ Überwachung

8.6 Betriebserlaubnis, Anzeigepflicht und behördliche Überwachung der Betreuungseinrichtung

Primär ist zu unterscheiden, ob es sich um eine Einrichtung für **Minderjährige** oder **Volljährige** oder um eine Einrichtung für Minderjährige **und** Volljährige handelt. Einrichtungen, die gleichzeitig Minderjährige und Volljährige betreuen (z.B. eine Einrichtung für Menschen mit geistiger Behinderung) unterliegen sowohl der Heimaufsicht nach dem SGB VIII als auch den landesrechtlichen Heimvorschriften für Volljährige.

§ 45 IV SGB VIII sieht vor, dass die Heimaufsichtsbehörde nach dem SGB VIII ihr Tätigwerden mit der für Volljährigeneinrichtungen zuständige Behörde abzustimmen hat. Die Heimaufsichtsbehörde nach dem SGB VIII hat den Träger auf weitergehende Anforderungen nach anderen Rechtsvorschriften hinzuweisen.

Der Staat hat eine besondere Verantwortung für Menschen, die in Einrichtungen leben, zumal dann, wenn sie auf Grund ihrer Minderjährigkeit, ihrer Behinderung oder ihres hohen Alters in der Wahrnehmung ihrer Rechte eingeschränkt sind.

Einrichtungen für Minderjährige

Für Einrichtungen, die Minderjährige aufnehmen, auch wenn diese behindert sind, gelten die Regelungen des Kinder- und Jugendhilfegesetzes (SGB VIII), die im Gegensatz zur früheren Rechtslage nunmehr eine **Betriebserlaubnis** für solche Einrichtungen vorsehen, die „Kinder oder Jugendliche ganztägig oder für einen Teil des Tages" betreuen oder ihnen Unterkunft gewähren (§ 45 I S. 1 SGB VIII).

Die Erlaubnis darf nur erteilt werden, wenn das Wohl der Minderjährigen in jeder Hinsicht gewährleistet ist (§ 45 II SGB VIII). Dazu zählen wesentlich die bauliche Ausstattung, die Erfüllung gesundheitlicher Anforderungen und das notwendige Fachpersonal.

Bei Trägern der freien Jugendhilfe hat die Aufsichtsbehörde die Selbstständigkeit des jeweiligen Trägers in Zielsetzung und Durchführung seiner Aufgaben sowie in der Gestaltung seiner Organisationsstruktur zu achten (§ 4 I S. 2 SGB VIII).

Wenn die Voraussetzungen für die Erlaubnis nicht mehr gegeben sind, kann die Erlaubnis zurückgenommen bzw. widerrufen werden (§ 45 II S. 5 SGB VIII).

Ob die Voraussetzungen für die Erteilung der Erlaubnis noch gegeben sind, wird durch **Überprüfungen** der Aufsichtsbehörde in der Einrichtung festgestellt. Die Vertreter der Aufsichtsbehörde dürfen die Grundstücke und Gebäude mit Ausnahme der Räume betreten, die dem Hausrecht der Bewohner unterliegen (z. B.: Personalwohnräume), dort Prüfungen und Besichtigungen vornehmen, sich mit den Minderjährigen in Verbindung setzen und Beschäftigte befragen (§ 46 SGB VIII). Die Aufsichtsbehörde soll das zuständige Jugendamt und, wenn der Träger einem zentralen Träger der Jugendhilfe angehört, diesen an der Überprüfung beteiligen.

Neben der Duldung der Überprüfung bestehen für den Träger einer erlaubnispflichtigen Einrichtung die in § 47 SGB VIII genannten **Meldepflichten:**

(1) Betriebsaufnahme unter Angabe von Name und Anschrift des Trägers,

Marginalien:
- Einrichtung für Minderjährige
- Betriebserlaubnis
- Überprüfung
- Meldepflichten

(2) Art und Standort der Einrichtung,

(3) Zahl der verfügbaren Plätze,

(4) Namen und berufliche Bildung des Leiters und der Betreuungskräfte,

(5) bevorstehende Schließung der Einrichtung.

Änderungen der Angaben zu (1) bis (4) und der Konzeption sind unverzüglich, die Zahl der belegten Plätze jährlich einmal zu melden. Das Landesrecht kann weitere Regelungen treffen (§ 49 SGB VIII) und für die Erledigung der vorstehenden Aufgaben eine andere Behörde als den überörtlichen Träger der Jugendhilfe bestimmen (§ 87 a II SGB VIII).

Aufsichtsbehörde

Fall:

In eine Einrichtung eines freien Trägers für behinderte Minderjährige kommt der Vertreter der Heimaufsichtsbehörde. Als er auch die durch die Heilerziehungspflegerin A geleitete Gruppe besucht und mit dieser über ihr pädagogisches Konzept spricht, verlangt er, dass hier einiges geändert werden müsse. Auch eine seit einem halben Jahr in der Gruppe beschäftigte weitere Heilerziehungspflegerin ist in seiner Personalaufstellung nicht enthalten. Wie ist die rechtliche Situation?

Lösung:

Was das pädagogische Konzept anbetrifft, ist eine Beanstandung nur gerechtfertigt, wenn durch das bestehende Konzept das Wohl der Minderjährigen gefährdet wäre. Ansonsten bestimmt der Träger die pädagogische Ausrichtung (§ 4 I S. 2 SGB VIII). Die bisher offenbar nicht erfolgte Meldung der Heilerziehungspflegerin ist dagegen ein Versäumnis des Trägers, denn nach § 47 I Nr. 1 SGB VIII besteht die Verpflichtung, Namen und berufliche Stellung der Betreuungskräfte unverzüglich, d. h. ohne schuldhaftes Verzögern anzuzeigen.

Einrichtungen für Volljährige

Einrichtungen für Volljährige

Die Föderalismusreform hat die ordnungsrechtlichen Vorschriften des Heimrechts in die Zuständigkeit der Bundesländer gegeben (vgl. Kap. II 8.1). Deshalb müssen sich die Studierenden nunmehr mit den einschlägigen Vorschriften des für ihren Bereich geltenden Landesrechts vertraut machen. Solange solche landesrechtlichen Regelungen nicht bestehen, gelten die Vorschriften des Heimgesetzes weiter (Art. 125 a I GG). Den folgenden Ausführungen werden beispielhaft die gesetzlichen Regelungen des Freistaates Bayern (für den Betrieb und die Überwachung der betreffenden Einrichtungen) zugrunde gelegt (Gesetz zur Regelung der Pflege-, Betreuungs- und Wohnqualität im Alter und bei Behinderung – PfleWoqG – in Kraft getreten am 1. August 2008).

(1) Geltungsbereich des Gesetzes

Geltungsbereich des Gesetzes

Das Gesetz hat den Zweck, „in stationären Einrichtungen und sonstigen Wohnformen im Sinne dieses Gesetzes eine dem allgemein anerkannten Stand der fachlichen Erkenntnisse entsprechende Betreuung und Wohnqualität für die Bewohnerinnen und Bewohner zu sichern." (Art. 1 I Nr. 3 PfleWoqG). Besondere Vorschriften enthält das Gesetz für stationäre Einrichtungen (Zweiter Teil) und für ambulant betreute Wohngemeinschaften und Betreute Wohngruppen (Dritter Teil). Dabei ist wichtig, dass die „Zielsetzung und unternehmerische Eigenverantwortung in Zielsetzung und Durchführung ihrer Aufgaben" unberührt bleiben (Art. 1 II PfleWoqG).

(2) Stationäre Einrichtungen

Stationäre Einrichtungen

Das besondere Augenmerk des Gesetzgebers gilt den **stationären** Einrichtungen. Die Träger dieser Einrichtungen müssen „die notwendige Zuverlässigkeit zum Betrieb einer stationären Einrichtung" besitzen." (Art. 3 I S. 2 PfleWoqG). Dazu muss u. a. sichergestellt sein, dass eine ausreichende Zahlt von Pflege- und Betreuungskräften mit der für ihre Tätigkeit erforderlichen **persönlichen** und **fachlichen** **Eignung** zur Verfügung steht (Art. 3 III Nr. 1 PfleWoqG).

(3) Anzeigepflichten (Art. 4 PfleWoqG)

Anzeigepflichten

Das Gesetz sieht eine **Anzeigepflicht** (spätestens drei Monate vor der vorgesehenen Inbetriebnahme) gegenüber der zuständigen Behörde vor, deren Inhalt in Art. 4 I PfleWoqG geregelt ist. Dazu zählen auch die Namen, die berufliche Ausbildung und der Werdegang der Leitungskräfte sowie die Namen und die berufliche Ausbildung der Pflege- und Betreuungskräfte.
Änderungen bei den Leitungskräften sind unverzüglich anzuzeigen, bei den Pflege- und Betreuungskräften spätestens sechs Monate nach Eintritt (Art. 4 III PfleWoqG).

Auch hinsichtlich der teilweisen oder ganzen Einstellung des Betriebs besteht eine unverzügliche Anzeigepflicht (spätestens sechs Monate vor der Einstellung – Art. 4 IV PfleWoqG).

Qualitäts-
sicherung

(4) Qualitätssicherung (Art. 11 PfleWoqG)

Eine Überwachung der Einrichtungen erfolgt „durch wiederkehrende oder anlassbezogene Prüfungen", die in der Regel unangemeldet erfolgen (Art. 11 I S. 1, 2 PfleWoqG). Bei der Feststellung von Mängeln soll zunächst eine Beratung des Trägers hinsichtlich der Abstellung der Mängel erfolgen (Art. 12 II PfleWoqG). Werden Mängel trotz Beratung nicht abgestellt, kann die Behörde Anordnungen treffen (Art. 13 PfleWoqG) und Beschäftigungsverbote aussprechen, wenn diese Personen nicht die für ihre Tätigkeit erforderliche Eignung besitzen (Art. 14 1 PfleWoqG). Als letztes Mittel steht die Untersagung des Betriebs der Einrichtung zur Verfügung (Art. 15 PfleWoqG).

(5) Ambulant betreute Wohngemeinschaften und Betreute Wohngruppen

Für diese Einrichtungen gelten Sonderregelungen entsprechend dem Dritten Teil des Gesetzes.

8.7 Medizinische Betreuung

Medizinische
Aufgaben

Die Aufgaben in der Heilerziehungspflege umfassen auch die Mitwirkung an einer notwendigen medizinischen Betreuung; diese umfasst:

(1) Sorge für eine regelmäßige und rechtzeitige ärztliche und zahnärztliche Behandlung,

(2) Grund- und Behandlungspflege bei Kranken,

(3) Registrierung, Verwaltung, Bestellung und Ausgabe von Medikamenten nach Verordnung,

(4) Anregung, Organisation und Unterstützung therapeutischer Maßnahmen,

(5) Weiterführung therapeutischer Programme,

(6) Zusammenarbeit mit ärztlichen Fachdiensten.

Es handelt sich hier im Wesentlichen um unterstützende Leistungen für den Arzt, der diese Aufgaben delegiert. Für die im Rahmen der

Heilerziehungspflege Tätigen ist die notwendige Qualifikation erforderlich, die primär im Rahmen der Ausbildung, insbesondere in den Fächern „Medizin", „Psychiatrie" und „Pflege von Behinderten" vermittelt wird.

Zu unterscheiden sind die verschiedenen **Verantwortungsebenen:**

Anordnungsverantwortung

Diese hat immer der Arzt. Er kann nur solche Tätigkeiten delegieren, die auch das nichtärztliche Personal ausführen kann. Dabei muss er sich vom Ausbildungsstand und der Leistungsfähigkeit persönlich regelmäßig überzeugen.

Anordnungs-verantwortung

Übernahmeverantwortung

Das nichtärztliche Personal muss die Übernahme von medizinischen Aufgaben ablehnen, wenn es hierfür nicht die notwendige Qualifikation besitzt bzw. sich nicht ausreichend qualifiziert fühlt.

Übernahme-verantwortung

Durchführungsverantwortung

Die fach- und sachgerechte Durchführung ärztlicher Anordnungen ist eine **eigenverantwortliche Aufgabe** der beauftragten Personen. Aus heutiger rechtlicher Sicht können u. a. folgende Tätigkeiten im Rahmen der Durchführungsverantwortung ausgeführt werden:

Durchfüh-rungsverant-wortung

(1) Verabreichung von Medikamenten, wobei eine entsprechende Informationspflicht des Arztes über mögliche Auswirkungen besteht. Dies gilt insbesondere für Psychopharmaka.

(2) Intramuskuläre (nicht intravenöse) Injektionen dürfen nur dann durchgeführt werden, wenn eine Ausbildung in der Injektionstechnik absolviert wurde und Erfahrung in der Anwendung besteht.

(3) Umgang mit Kathetern, welcher entsprechende Kenntnisse und Erfahrungen voraussetzt.

(4) Wechsel von einfachen Verbänden.

Haftung

Für eine Verletzung der Sorgfaltspflicht ist der Handelnde selbst schadenersatzpflichtig (§ 823 BGB). Daneben haftet gegebenenfalls der Arzt nach den Grundsätzen der Haftung für Verrichtungsgehilfen (§ 831 BGB). Der Arzt kann sich allerdings dann entlasten, wenn er bei der Auswahl und bei der Überwachung des Verrichtungsgehilfen

Haftung

sorgfältig verfahren ist. Einrichtungsträger haften gegebenenfalls auch für die Verletzung von Sorgfaltspflichten durch Mitarbeiter.

Fall:

Der Heilerziehungspfleger A betreut in einer Behinderteneinrichtung die zuckerkranke B, welche regelmäßig Insulininjektionen braucht. Obwohl A weiß, dass das Insulin nicht immer an derselben Körperstelle gespritzt werden darf, macht er dies aus Bequemlichkeit doch, so dass an dieser Körperstelle eine erhebliche, sehr schmerzhafte Hautentzündung entstanden ist. Als der gerichtlich bestellte Betreuer davon erfährt, macht er für B einen Schmerzensgeldanspruch geltend.
Haftet A dafür?

Lösung:

A hat seine Sorgfaltspflicht in erheblicher Weise verletzt und muss für den Schaden aufkommen, soweit nicht eine Haftpflichtversicherung dafür eintritt.

8.8 Übungsfragen

1. Was versteht man unter einem „Wohn- und Betreuungsvertrag"?
2. Welche wesentlichen Inhalte hat ein solcher Vertrag?
3. Was unterscheidet die Betreuungs- von der Aufsichtspflicht?
4. Auf welchen Voraussetzungen beruht eine Schadenersatzpflicht im Falle der Verletzung der Betreuungs- und Aufsichtspflicht?
5. Durch welche vertraglichen Regelungen wird ein Heilerziehungspfleger bzw. -helfer zur Wahrnehmung der Betreuungs- und Aufsichtspflicht verpflichtet?
6. Welche konkreten Handlungsverpflichtungen zieht dies nach sich?
7. Wer haftet für eine Verletzung der Betreuungs- und Aufsichtspflicht?
8. Wann ist man für einen falschen Rat haftbar?
9. Haben Minderjährige das Recht, sich ohne Einschaltung ihrer Eltern beraten zu lassen?

10. Was ist bei der Rechtsberatung und der Vertretung eines Betreuten in Rechtsangelegenheiten zu beachten?
11. Wo liegen die Grenzen der Geheimhaltungspflicht bezüglich eines Betreuten?
12. Ist die Geheimhaltungspflicht durch das Strafrecht abgesichert?
13. Was bedeutet der Begriff „Datenschutz"?
14. In welchem Umfang ist Datenerhebung zulässig?
15. Was ist bei der Übermittlung von Daten an Dritte zu beachten?
16. Wie erfüllt der Staat seine Verpflichtung, den Schutz von Betreuten in teilstationären und stationären Einrichtungen zu gewährleisten?
17. Inwieweit muss bei einer behördlichen Überprüfung die Selbstständigkeit eines freien Trägers gewahrt werden?
18. Wie ist die Aufsicht bei Einrichtungen geregelt, die neben Minderjährigen auch Volljährige betreuen?
19. Welche „medizinischen Aufgaben" umfasst der Aufgabenbereich eines Heilerziehungspflegers?
20. Welche Verantwortungsebenen kennen Sie?
21. Was ist bei der Verabreichung von Medikamenten zu beachten?
22. Kommt es bei Injektionen durch einen Heilerziehungspfleger auf die Art der Injektion an?

8.9 Weiterführende Literatur

AFET (Arbeitsgemeinschaft für Erziehungshilfe (AFET e. V. – Bundesvereinigung), Aufsichtspflicht und Aufsichtspflichtverletzung unter besonderer Berücksichtigung von Einrichtungen der Jugendhilfe, Heft 12/1995
Gola/Schomerus, BDSG – Bundesdatenschutzgesetz, 9. Auflage, München 2007
Papenheim, Schweigepflicht, Freiburg 2008
Rehborn, Arzt – Patient – Krankenhaus, 3. Auflage, München 2000
Rennen/Calibe/Sabel, Rechtsdienstleistungsgesetz (RDG), 4. Auflage, München 2009

9. ERBRECHT

> *Lernziele:*
>
> Die in der Heilerziehungspflege Tätigen können im Rahmen ihrer Berufstätigkeit auch mit erbrechtlichen Fragen in Berührung kommen. Deshalb ist es notwendig, auch über die Grundzüge des Erbrechts Bescheid zu wissen.

9.1 Erbfall

Erbfall Wenn eine Person stirbt, geht das ganze Vermögen auf den/die Erben über. § 1922 I BGB:

„Mit dem Tode einer Person (Erbfall) geht deren Vermögen (Erbschaft) als Ganzes auf eine oder mehrere Personen (Erben) über."

Mehrere Erben Sofern mehrere Personen Erben werden, entsteht eine **Erbengemeinschaft,** d. h. der Nachlass steht den Erben **gemeinschaftlich** zu (§ 2032 BGB). Erbe kann nur derjenige werden, der zum Zeitpunkt des Erbfalls lebt. Ausnahme: Wer bereits gezeugt, aber noch nicht geboren war, gilt als vor dem Erbfall geboren (§ 1923 BGB).

9.2 Annahme und Ausschlagung der Erbschaft

Annahme/ Ausschlagung der Erbschaft Wer als Erbe in Frage kommt, hat die Wahl, die Erbschaft anzunehmen oder auszuschlagen, da niemand zur Annahme einer Erbschaft verpflichtet ist (§ 1946 BGB). Für die Ausschlagung der Erbschaft gilt in der Regel eine Frist von sechs Wochen (§ 1944 BGB). Sobald diese Frist ohne Ausschlagung verstrichen ist, gilt die Erbschaft als angenommen (§ 1943 BGB).

Durch den Erbfall gehen das Vermögen, aber auch die Verbindlichkeiten des Erblassers auf den/die Erben über. Die Erben haften somit auch für alle Nachlassverbindlichkeiten. Deshalb sollte bei einem Erbfall genau geprüft werden, ob der Nachlass überschuldet ist, damit die Erbschaft gegebenenfalls rechtzeitig ausgeschlagen werden kann.

9.3 Frei gewählte Erbfolge

Frei gewählte Erbfolge Der Erblasser hat grundsätzlich die Möglichkeit, die Weitergabe seines Nachlasses frei zu bestimmen. Das Recht stellt ihm dazu zwei Formen zur Verfügung: Testament und Erbvertrag.

Testament

Testament

Es handelt sich hier um eine einseitige Verfügung, mit welcher in der Regel der oder die Erben festgelegt werden (§ 1937 BGB). Ein Testament kann nur persönlich errichtet werden, eine Errichtung durch einen Vertreter würde zur Nichtigkeit führen (§ 2064 BGB). Von der Form her besteht ein Wahlrecht zwischen einem **eigenhändigen** Testament (§ 2247 BGB) (= eigenhändig geschrieben und unterschrieben mit Angaben, zu welcher Zeit und an welchem Ort die Niederschrift erfolgt ist) oder einem **öffentlichen** Testament (zur Niederschrift eines Notars – § 2232 BGB).

Die Wirksamkeit eines Testaments hängt von der **Testierfähigkeit** ab. Ein **Minderjähriger** kann ein Testament erst nach Vollendung des **16. Lebensjahres** errichten, allerdings nicht als eigenhändiges Testament, sondern nur in Form eines öffentlichen Testaments. Eine Zustimmung des gesetzlichen Vertreters ist nicht erforderlich (§§ 2229 I, II, 2233 BGB).

Testier-
fähigkeit

Bei **Volljährigen** lautet die entscheidende gesetzliche Bestimmung (§ 2229 IV BGB):

„Wer wegen krankhafter Störung der Geistestätigkeit, wegen Geistesschwäche oder Bewusstseinsstörung nicht in der Lage ist, die Bedeutung einer von ihm abgegebenen Willenserklärung einzusehen und nach dieser Einsicht zu handeln, kann ein Testament nicht errichten."

Die Testierfähigkeit setzt hier also eine entsprechende **Einsichts- und Handlungsfähigkeit** voraus. Nur dann ist ein Testament wirksam. Zu beachten ist, dass die Bestellung eines Betreuers durch das Gericht als solche nicht zur Testierunfähigkeit führt. Diese liegt nur dann vor, wenn die Voraussetzungen des § 2229 IV BGB gegeben sind. Die Errichtung eines Testaments durch einen Betreuten hängt nicht von der Einwilligung des Betreuers ab (vgl. § 1903 II BGB).

Ein Testament (mit Ausnahme eines gemeinschaftlichen Testaments) kann jederzeit widerrufen werden (§ 2253 BGB). Der Widerruf erfolgt durch Vernichtung des Testaments oder durch ein neues Testament (§§ 2254, 2255 BGB).

Widerruf

Neben dem Einzeltestament gibt es (nur für Ehegatten und Lebenspartner) die Form des **gemeinschaftlichen Testaments.** Wenn dies als Privattestament abgefasst werden soll, muss es von einem Ehegatten bzw. Lebenspartner handschriftlich gefertigt und von beiden Ehegatten bzw. Lebenspartnern unterschrieben werden. Bei einem gemeinschaftlichen Testament können gegenseitige Verpflichtungen nach dem Tod eines

Ehepartners/Lebenspartners nicht mehr geändert werden. Bei Scheidung einer Ehe/Aufhebung der Lebenspartnerschaft wird ein gemeinschaftliches Testament unwirksam, es sei denn, dass anzunehmen ist, dass die Verfügungen auch für diesen Fall getroffen worden sind (§§ 2268 BGB, 10 IV LPartG).

Erbvertrag

Erbvertrag

Durch einen **Vertrag** können sowohl Erben eingesetzt als auch Vermächtnisse und Auflagen angeordnet werden (§ 1941 BGB). Die Besonderheit ist durch die vertragliche Vereinbarung gegeben. Dadurch ist eine einseitige Veränderung des Vereinbarten nicht mehr möglich. Auf Grund dieser Situation sollte in jedem Fall der Abschluss eines Erbvertrages gut bedacht sein.

Vermächtnis/Auflage/Teilungsanordnung

Eine letztwillige Verfügung kann nicht nur eine Erbeinsetzung, sondern auch weitere Anordnungen enthalten.

Vermächtnis

Ein **Vermächtnis** verschafft dem Berechtigten einen Anspruch gegen den/die Erben auf einen Vermögensvorteil, z. B. eine bestimmte Geldsumme (§ 1939 BGB).

Auflage

Durch eine **Auflage** kann der Erblasser den Erben oder einen Vermächtnisnehmer zu einer Leistung verpflichten, z. B. zur Grabpflege (§ 1940 BGB).

Teilungs-
anordnung

Der Erblasser kann auch eine **Teilungsanordnung** hinsichtlich des Nachlasses treffen, wenn er die Auseinandersetzung des Nachlasses in einer bestimmten Weise regeln will (§ 2048 BGB).

Vorerbe/Nacherbe/Ersatzerbe

Vorerbschaft

Eine **Vorerbschaft** liegt dann vor, wenn jemand nur eine bestimmte Zeit Erbe sein soll. Z. B. sollen die Eltern eines Minderjährigen nur bis zur Volljährigkeit desselben **Vorerben** sein. Der Minderjährige wird dann zum Zeitpunkt seiner Volljährigkeit **Nacherbe.** Vorerben sind in der Regel in der Verfügung beschränkt, sofern sie nicht davon befreit sind.

Ersatzerben

Die Bestimmung von Personen zu **Ersatzerben** folgt für den Fall, dass eingesetzte Personen den Erbfall nicht erleben. Ersatzerben können beispielsweise die Kinder der eingesetzten Person sein.

Testamentsvollstreckung

Im Rahmen einer letztwilligen Verfügung kann der Erblasser einen oder mehrere **Testamentsvollstrecker** bestimmen (§ 2197 BGB).

Deren (zeitlich befristete) Aufgabe besteht in der Regel in der Abwicklung des Nachlasses (§ 2203 BGB). Dazu gehört die Berechtigung, den Nachlass zu verwalten und über Nachlassgegenstände zu verfügen (§ 2205 BGB). Die Erben sind für die Dauer der Testamentsvollstreckung sowohl von der Verwaltung wie auch von der Verfügung über die der Verwaltung unterliegenden Nachlassgegenstände ausgeschlossen (§ 2211 BGB).

Pflichtteil

Pflichtteil

Trotz der Testierfreiheit kann man bestimmte nahestehende Personen in der Regel nicht ganz „enterben". Das Gesetz spricht hier von **Pflichtteilsberechtigten.** Dieser Personenkreis ist allerdings auf den Ehegatten/Lebenspartner, die Abkömmlinge und gegebenenfalls auf die Eltern des Erblassers beschränkt, sofern dieser Personenkreis durch Verfügung von Todes wegen von der Erbfolge ausgeschlossen wird.

Der Pflichtteilsanspruch umfasst die **Hälfte des gesetzlichen Erbteils** und richtet sich gegen den/die Erben. Es besteht kein Anspruch auf bestimmte Nachlasswerte (z. B. auf ein Grundstück), sondern nur auf eine Geldleistung in der entsprechenden Höhe.

Fall:

Das Ehepaar A und B, im gesetzlichen Güterstand lebend, hat sich durch ein gemeinschaftliches Testament gegenseitig zu Alleinerben eingesetzt. Aus der Ehe sind zwei Kinder (C und D), 30 und 35 Jahre alt, hervorgegangen. A ist 1990 verstorben. Der Wert des Nachlasses nach Abzug der Nachlassverbindlichkeiten betrug 600 000 EUR. Das Nachlassgericht hat die Kinder über ihre Pflichtteilsrechte einige Wochen nach dem Sterbefall informiert. Auf Grund der Verschlechterung des Verhältnisses zur Mutter lassen sich die Kinder 1996 von einem Rechtsanwalt beraten, ob sie nicht noch Ansprüche an den Nachlass geltend machen können.

Lösung:

Durch das Testament sind die beiden Kinder von der Erbfolge ausgeschlossen, da die Mutter Alleinerbin geworden ist. Auf Grund dieses Erbausschlusses steht ihnen aber ein Pflichtteil zu. Dieser beträgt die Hälfte des gesetzlichen Erbteils. Bei gesetzlicher Erbfolge hätten die beiden Kinder je 1/4 des Nachlasses

---

geerbt. Sie hätten deshalb einen Pflichtteilsanspruch (in Geld) gegen ihre Mutter in Höhe von je 1/8 des Nachlasswertes = 75 000 EUR gehabt.
Die Mutter kann jetzt allerdings die Zahlung ablehnen, weil die Pflichtteilsansprüche in drei Jahren verjähren. Diese drei Jahre sind hier abgelaufen (§ 2332 BGB).

9.4 Gesetzliche Erbfolge

Gesetzliche Erbfolge

Der Gesetzgeber muss Vorsorge für den Fall treffen, dass der Erblasser keine letztwillige Verfügung getroffen hat. In diesem Fall tritt die **gesetzliche Erbfolge** ein. Die gesetzliche Erbfolge folgt dem Familienprinzip. Sie bestimmt, dass der Ehegatte/Lebenspartner und die nächsten Verwandten, vor allem die Kinder erben. Das BGB sieht für das Verwandtschaftsverhältnis verschiedene Ordnungen vor, wobei Verwandte einer vorhergehenden Ordnung Verwandte einer nachgehenden Ordnung ausschließen. So bestimmt § 1924 I BGB:
„Gesetzliche Erben der ersten Ordnung sind die Abkömmlinge des Erblassers."
Auch bei den Abkömmlingen gilt, dass ein näher verwandter Abkömmling einen weiter verwandten ausschließt. Z. B. sind beim Tode des Großvaters die Kinder des Sohnes von der Erbfolge ausgeschlossen, sofern der Sohn zum Zeitpunkt des Erbfalles lebt.

Beispiele für die gesetzliche Erbfolge:

(1) Ehepaar mit zwei Kindern:
Beim Tode des Vaters erben, wenn in der Ehe der Güterstand der Zugewinngemeinschaft galt, die Ehefrau 1/2 (1/4 + 1/4 Zugewinnausgleich) und die beiden Kinder je 1/4:

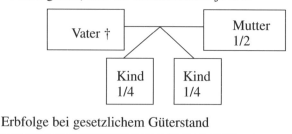

Erbfolge bei gesetzlichem Güterstand

(2) Ehepaar ohne Kinder:
Bei gesetzlichem Güterstand (Zugewinngemeinschaft) erbt beim
Tode des Ehemannes die Ehefrau 3/4 (1/2 + 1/4 Zugewinnaus-
gleich), die Eltern bzw. die Geschwister des Ehemannes 1/4:

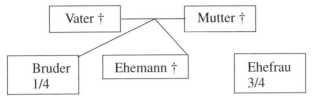

Gesetzliche Erbfolge bei gesetzlichem Güterstand und Vorver-
sterben der Eltern des Ehemannes

9.5 Übungsfragen

1. Was versteht man unter einer Erbengemeinschaft?
2. Kann man auch Schulden erben?
3. Welche Formen der letztwilligen Verfügung gibt es?
4. Kann jemand, für den ein Betreuer gerichtlich bestellt ist, eine
   letztwillige Verfügung errichten?
5. Was ist ein Ersatzerbe?
6. Unter welchen Voraussetzungen hat man einen Pflichtteilsanspruch und gegen wen richtet sich dieser?
7. Wann tritt die gesetzliche Erbfolge ein? Welchem Prinzip
   folgt diese?

9.6 Weiterführende Literatur

Palandt, Bürgerliches Gesetzbuch, 68. Auflage, München 2009
Schlüter, BGB, Erbrecht, 10. Auflage, München 2007
Winkler, Erbrecht von A – Z, 11. Auflage, München 2008

III. Grundzüge des Sozialgesetzbuches

> *Lernziele:*
> Das Sozialgesetzbuch unternimmt den Versuch, das immer
> unübersichtlicher gewordene Sozialrecht in einer überschauba-
> ren Weise zusammenzufassen und seine Durchführung für die
> Sozialverwaltung zu erleichtern. Für den Studierenden ist die
> Kenntnis der Grundzüge des Sozialgesetzbuches wichtig, weil er
> im Regelfall solche Klienten zu betreuen hat, die sozialrechtliche
> Leistungen erhalten. Für den Behindertenbereich sind vor allem
> die Bereiche Sozialhilfe, Jugendhilfe, Arbeitsförderung und
> Pflegeversicherung, Verwaltungsverfahren und gerichtlicher
> Rechtsschutz von Bedeutung.

1. AUFBAU DES SOZIALGESETZBUCHES

Das Sozialgesetzbuch ist derzeit in zwölf Bücher unterteilt:

Aufbau des
Sozialgesetz-
buchs

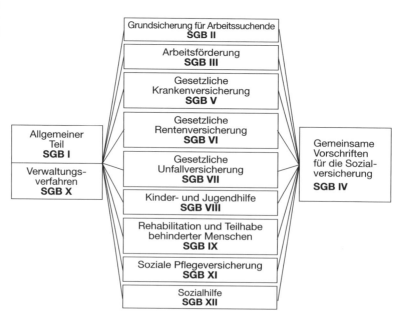

148

Neben diesen in das Sozialgesetzbuch eingeordneten Rechtsgebieten gibt es im SGB (Art. II § 1 SGB I) genannte Bereiche, für welche noch Einzelgesetze gelten (z. B. das Wohngeldgesetz).

2. WICHTIGE BESTIMMUNGEN DES SOZIALGESETZBUCHES I

2.1 Soziale Rechte

Die Aufgaben des SGB sind in § 1 I S. 1 SGB I so zusammengefasst: „Das Recht des Sozialgesetzbuchs soll zur Verwirklichung sozialer Gerechtigkeit und sozialer Sicherung Sozialleistungen einschließlich sozialer und erzieherischer Hilfen gestalten."

Soziale Rechte

Aus dieser Aufgabenstellung ergeben sich die in den §§ 3–10 SGB I normierten sozialen Rechte (§ 2 I SGB I) welche in Dienstleistungen (z. B. erzieherische Hilfe), Sachleistungen (Zurverfügungstellen von Sachen) und Geldleistungen bestehen können (§ 11 SGB I).

Der Anspruchsberechtigte kann aus den §§ 3–10 SGB I allerdings nicht **direkt** Ansprüche ableiten. Diese bestehen nur insoweit, als sie durch die Vorschriften der besonderen Teile des SGB begründet sind (§ 2 I S. 2 SGB I).

2.2 Sozialleistungen

Die im Rahmen des SGB gewährten Sozialleistungen werden in den §§ 18–29 SGB I im Einzelnen aufgeführt:

Sozial-leistungen

(1) Leistungen der Ausbildungsförderung (§ 18 SGB I),
(2) Leistungen der Arbeitsförderung (§ 19 SGB I),
(3) Leistungen der Grundsicherung für Arbeitssuchende (§ 19a SGB I),
(4) Leistungen bei gleitendem Übergang älterer Arbeitnehmer in den Ruhestand (§ 19 b SGB I),
(5) Leistungen der gesetzlichen Krankenversicherung (§ 21 SGB I),
(6) Leistungen der sozialen Pflegeversicherung (§ 21 a SGB I),
(7) Leistungen bei Schwangerschaftsabbrüchen (§ 21 b SGB I),
(8) Leistungen der gesetzlichen Unfallversicherung (§ 22 SGB I),
(9) Leistungen der gesetzlichen Rentenversicherung einschließlich der Alterssicherung für Landwirte (§ 23 SGB I),
(10) Versorgungsleistungen bei Gesundheitsschäden (§ 24 SGB I),
(11) Kindergeld (soweit nicht der steuerliche Familienlastenausgleich zur Anwendung kommt), Erziehungsgeld und Elterngeld (§ 25 SGB I),

(12) Wohngeld (§ 26 SGB I),
(13) Leistungen der Kinder- und Jugendhilfe (§ 27 SGB I),
(14) Leistungen der Sozialhilfe (§ 28 SGB I),
(15) Leistungen zur Rehabilitation und Teilhabe behinderter Menschen (§ 29 SGB I).

2.3 Leistungsträger

Leistungsträger Bei den vorstehenden Vorschriften sind auch jeweils die zuständigen **Leistungsträger** angegeben. So werden z. B. bei den Leistungen für Behinderte folgende Leistungsträger genannt:
Agenturen für Arbeit, Integrationsämter, gesetzliche Krankenkassen, Pflegekassen, Berufsgenossenschaften, Rentenversicherungsträger, Versorgungsämter, Landkreise und kreisfreie Städte, überörtliche Träger der Sozialhilfe (§ 29 II SGB I).
Die Sozialleistungsträger selbst können bei der Vielfalt und dem Umfang der Sozialleistungen nicht alle Leistungen selbst erbringen, so dass das Zusammenwirken mit den freien Trägern schon von daher notwendig ist. Die Tätigkeit der öffentlichen und freien Träger sollen sich „zum Wohl der Leistungsempfänger wirksam ergänzen." (§ 17 III S. 1 SGB I).
Die Finanzierung dieser Leistungen erfolgt in der Regel über sogenannte Leistungsvereinbarungen zwischen den öffentlichen und freien Trägern, welche Inhalt, Umfang und insbesondere die Qualität der Leistungen und die dafür zu entrichtenden Entgelte regeln (vgl. §§ 78 a ff. SGB VIII).

2.4 Antragstellung

Antragstellung Hier muss unterschieden werden, ob eine Sozialleistung nur auf **Antrag** gewährt wird (z. B. Renten nach dem SGB VI) oder ohne formelle Antragstellung (z. B. Ansprüche nach dem SGB XII).
Anträge sind beim **zuständigen Leistungsträger** zu stellen (§ 16 I S. 1 SGB I). Da die Zuständigkeit für den einzelnen Berechtigten nicht immer klar ist, werden Anträge von allen anderen Leistungsträgern und von allen Gemeinden entgegengenommen und weitergeleitet (§ 16 I, II SGB I). Soweit eine Leistung auch vom Zeitpunkt der Antragstellung abhängt, gilt dieser auch dann als rechtzeitig gestellt, wenn er bei einem unzuständigen Leistungsträger oder bei einer Gemeinde eingeht (§ 16 II S. 2 SGB I).

In diesem Zusammenhang ist auch die Vorschrift des § 36 SGB I von Bedeutung, weil sie die Handlungsfähigkeit nicht von der Erreichung der Volljährigkeit abhängig macht, sondern bereits mit dem vollendeten 15. Lebensjahr beginnen lässt:

„(1) Wer das **fünfzehnte** Lebensjahr vollendet hat, kann Anträge auf Sozialleistungen stellen und verfolgen sowie Sozialleistungen entgegennehmen. Der Leistungsträger soll den gesetzlichen Vertreter über die Antragstellung und die erbrachten Sozialleistungen unterrichten. (2) Die Handlungsfähigkeit nach Absatz 1 Satz 1 kann vom gesetzlichen Vertreter durch **schriftliche** Erklärung gegenüber dem Leistungsträger eingeschränkt werden. Die Rücknahme von Anträgen, der Verzicht auf Sozialleistungen und die Entgegennahme von Darlehen bedürfen der Zustimmung des gesetzlichen Vertreters."

Fall:
Der 19-jährige A hat seine Ausbildung in einem Berufsbildungswerk zwar mit Erfolg abgeschlossen, aber noch keinen Arbeitsplatz gefunden. Er schreibt einen Brief an die Agentur für Arbeit, mit welchem er sich arbeitslos meldet und Arbeitslosengeld beantragt.
Hat er damit alles getan?

Lösung:
Die schriftliche Arbeitslosmeldung ist nicht ausreichend, da § 122 I S. 1 SGB III die **persönliche** Arbeitslosmeldung vorschreibt. Der Antrag auf Arbeitslosengeld **ist** dagegen wirksam gestellt (§ 323 I S. 1 SGB III).

2.5 Vorläufige Leistungen

Wenn zwischen Leistungsträgern Streit über die Zuständigkeit besteht, so soll dieser nicht auf dem Rücken des Anspruchsberechtigten ausgetragen werden. Der **zuerst** angegangene Leistungsträger **kann** vorläufige Leistungen erbringen. Er **muss** dies tun, wenn der Berechtigte dies **beantragt** (§ 43 I SGB I).

Vorläufige Leistungen

2.6 Mitwirkungspflicht des Leistungsberechtigten

Bei der sozialen Betreuung von Leistungsberechtigten ist es wichtig, die **Mitwirkungspflichten** des Berechtigten zu kennen. Diese sind in

Mitwirkungspflicht

151

den §§ 60–67 SGB I im Einzelnen festgelegt. Zu beachten ist dabei, dass die besonderen Teile des SGB auch weitergehende Verpflichtungen des Leistungsberechtigten beinhalten.

Wenn ein Minderjähriger nach § 36 SGB I selbst handlungsfähig ist, trifft ihn allein auch die Mitwirkungspflicht. Die Mitwirkungspflichten beziehen sich auf folgende Bereiche:

Angabe von Tatsachen (§ 60 SGB I),

persönliches Erscheinen (§ 61 SGB I),

ärztliche und psychologische Untersuchungen (§ 62 SGB I),

Durchführung einer Heilbehandlung (§ 63 SGB I) und

Leistungen zur Teilhabe am Arbeitsleben (§ 64 SGB I).

Die Mitwirkungspflicht ist allerdings nur insoweit gegeben, als sie in einem angemessenen Verhältnis zu der in Anspruch genommenen Sozialleistung steht. Werden angemessene Mitwirkungspflichten nicht erfüllt, so kann die Leistung ganz oder teilweise versagt oder entzogen werden (§ 66 I, II SGB I). Allerdings muss der Sozialleistungsträger vorher den Leistungsberechtigten schriftlich auf diese Folgen hingewiesen und ihm eine angemessene Frist zur Nachholung gesetzt haben (§ 66 III SGB I).

2.7 Weiterführende Literatur

Mrozynski, Sozialgesetzbuch – Allgemeiner Teil (SGB I), 4. Auflage, München 2009

Muckel, Sozialrecht, 3. Auflage, München 2009

3. SOZIALHILFE

3.1 Einordnung des Sozialhilferechts in das SGB

Das Gesetz zur Einordnung des Sozialhilferechts in das Sozialgesetzbuch hat mit Wirkung vom 1. Januar 2005 das BSHG aufgehoben und das Recht der Sozialhilfe als SGB XII in das Sozialgesetzbuch aufgenommen. Gleichzeitig wurde der Bereich der Grundsicherung für Arbeitssuchende als eigenständiges Gesetz (SGB II) weitgehend aus dem Sozialhilfebereich ausgegliedert.

Aufgabe der Sozialhilfe

3.2 Aufgabe der Sozialhilfe

Die Sozialhilfe hat die Aufgabe, „den Leistungsberechtigten die Führung eines Lebens zu ermöglichen, das der Würde des Menschen entspricht". Andererseits besteht für die Leistungsberechtigten auch die Verpflichtung, darauf hinzuarbeiten, unabhängig von der Sozialhilfe zu leben (Grundsatz: „Fördern und fordern" – § 1 SGB XII).

3.3 Nachrang der Sozialhilfe

Auf die Leistungen der Sozialhilfe hat derjenige keinen Anspruch, der sich durch Einsatz seiner Arbeitskraft, seines Einkommens und seines Vermögens entweder selbst helfen kann oder wer Leistungen von anderen, insbesondere von Angehörigen oder Trägern anderer Sozialleistungen erhält (§ 2 I SGB XII).

Nachrang der Sozialhilfe

Beispiel:
Ein Kind hat grundsätzlich (vgl. § 1601 BGB) einen Unterhaltsanspruch gegen seinen Vater. Es kann diesen Unterhaltsanspruch z.B. dann nicht realisieren, wenn der Vater unbekannten Aufenthalts ist. In diesem Fall muss, wenn der Unterhalt nicht anderweitig sichergestellt ist, Sozialhilfe geleistet werden.

3.4 Träger der Sozialhilfe

(1) Träger der Sozialhilfe sind die **örtlichen** und **überörtlichen** Träger (§ 3 I SGB XII).

(2) Soweit das jeweilige Landesrecht nicht etwas anderes bestimmt, sind die **kreisfreien Städte** und **Landkreise** örtliche Träger der Sozialhilfe (§ 3 II SGB XII).

(3) Die **überörtlichen Träger** bestimmt das Recht des jeweiligen Bundeslandes (§ 3 III SGB XII).

Träger der Sozialhilfe

3.5 Verhältnis zur freien Wohlfahrtspflege

Es besteht auch im neuen Sozialhilferecht der Grundsatz, dass die Sozialhilfeträger mit den Kirchen und Religionsgemeinschaften des öffentlichen Rechts sowie den Verbänden der freien Wohlfahrtspflege zusammenarbeiten und dabei deren Selbstständigkeit in Zielsetzung und Durchführung ihrer Aufgaben achten sollen (§ 5 II SGB XII), damit sich die Beteiligten **wirksam ergänzen** (§ 5 III S. 1 SGB XII). Über die Behandlung der **Sozialdaten** müssen Vereinbarungen getroffen werden (§§ 5 VI, 4 III SGB XII).

Verhältnis zur freien Wohlfahrtspflege

Leistungen
der Sozial-
hilfe

3.6 Leistungen der Sozialhilfe

Der Leistungskatalog der Sozialhilfe enthält sieben Hilfearten:
(1) Hilfe zum Lebensunterhalt
(2) Grundsicherung im Alter und bei Erwerbsminderung
(3) Hilfe zur Gesundheit
(4) **Eingliederungshilfe für behinderte Menschen**
(5) Hilfe zur Pflege
(6) Hilfe zur Überwindung besonderer sozialer Schwierigkeiten
(7) Hilfe in anderen Lebenslagen (z.B. Hilfe zur Weiterführung des Haushalts, Altenhilfe, Blindenhilfe)

Die Hilfen umfassen dabei auch die jeweils gebotene **Beratung** und **Unterstützung** sowie **Aktivierung** (Stärkung der Selbsthilfe) – §§ 8, 11 SGB XII. Sie richten sich nach den **Besonderheiten des Einzelfalles**. Wünschen hinsichtlich der Gestaltung der Leistungen soll entsprochen werden, wenn sie **angemessen** und nicht mit **unverhältnismäßigen Mehrkosten** verbunden sind (§ 9 SGB XII).

Leistungs-
absprache

§ 12 SGB XII sieht vor, dass eine schriftliche **Leistungsabsprache** zwischen den Leistungsberechtigten und dem Sozialhilfeträger erfolgen soll. Diese soll die Situation der leistungsberechtigten Personen beschreiben und Wege zur Überwindung der Notlage gemeinsam festlegen.

Förderplan

Soweit erforderlich, ist ein **Förderplan** zu erstellen, der Teil der Leistungsabsprache ist. Diese Leistungsabsprache soll regelmäßig gemeinsam überprüft und fortgeschrieben werden. Der im Rahmen der Eingliederungshilfe für Behinderte nach § 58 SGB XII zu erstellende **Gesamtplan** hat Vorrang vor der Leistungsabsprache (§ 12 S. 5 SGB XII).

Die Leistungen werden als
Dienstleistung
Geldleistung
Sachleistung
erbracht, wobei die Geldleistung in der Regel Vorrang vor der Sachleistung hat (§ 10 I, III S. 1 SGB XII).
Es gilt darüber hinaus der Grundsatz, dass ambulante Leistungen Vorrang vor teilstationären und stationären, teilstationäre vor stationären haben (§ 13 SGB XII).
Die Finanzierung von Einrichtungen und Diensten, die Sozialhilfeleistungen erbringen, richtet sich nach den § 75 ff. SGB XII.

3.7 Eingliederungshilfe für behinderte Menschen

Diese Hilfeform hat für die im Bereich der Heilerziehungspflege Tätigen einen besonderen Stellenwert.

(1) Leistungsberechtigte

Nach § 53 I SGB XII sind diejenigen Personen leistungsberechtigt, welche durch eine **Behinderung** (§ 2 I SGB IX – s. Kap. III, 9) „**wesentlich** in ihrer Fähigkeit, an der Gesellschaft teilzuhaben, eingeschränkt oder von einer solchen wesentlichen Behinderung bedroht sind ..." (§ 53 I SGB XII).
Liegt keine wesentliche Behinderung vor, so **können** Leistungen der Eingliederungshilfe bewilligt werden (§ 53 I S. 2 SGB XII).
Die näheren Bestimmungen zur Abgrenzung des leistungsberechtigten Personenkreises der behinderten Menschen, über Art und Umfang der Leistungen der Eingliederungshilfe sowie über das Zusammenwirken mit anderen Stellen, die den Leistungen der Eingliederungshilfe entsprechende Leistungen durchführen, enthält die **Eingliederungshilfe-Verordnung** (§ 60 SGB XII).

(2) Leistungen der Eingliederungshilfe

Sie umfassen neben den entsprechenden Leistungen des SGB IX Hilfen zu einer angemessenen Schulbildung, Hilfen zur schulischen Ausbildung für einen angemessenen Beruf, Hilfe zur Ausbildung für eine sonstige angemessene Tätigkeit, Hilfe in den den Werkstätten für behinderte Menschen vergleichbaren sonstigen Beschäftigungsstätten, nachgehende Hilfe zur Sicherung der Wirksamkeit der ärztlichen und ärztlich verordneten Leistungen und zur Sicherung der Teilhabe der behinderten Menschen am Arbeitsleben (§ 54 I S. 1 SGB XII).
Bei einem Anspruch auf Leistungen nach § 53 SGB XII können diese auf Antrag auch als Teil eines trägerübergreifenden **persönlichen Budgets** erbracht werden (§§ 57 SGB XII, 17 II–IV SGB IX).

(3) Gesamtplan

Der Sozialhilfeträger ist verpflichtet, so frühzeitig wie möglich einen **Gesamtplan** zur Durchführug der einzelnen Leistungen aufzustellen (§ 58 I SGB XII).

Grundsicherung im Alter und bei Erwerbsminderung

3.8 Grundsicherung im Alter und bei Erwerbsminderung

(1) Rechtslage

Der Gesetzgeber hat das Grundsicherungsgesetz mit Wirkung vom 1.1.2005 in das SGB XII (§§ 41–46) eingefügt. Damit sind auch für diesen Bereich die örtlichen Träger der Sozialhilfe zuständig.

Leistungsberechtigte

(2) Leistungsberechtigte

Diese Leistungen kann nur derjenige erhalten, der

- das **65.** Lebensjahr vollendet hat (für die ab 1947 Geborenen erhöht sich diese Altersgrenze entsprechend § 41 II SGB XII) oder
- das **18.** Lebensjahr vollendet hat und unabhängig von der jeweiligen Arbeitsmarktlage **voll erwerbsgemindert** im Sinne des Rentenrechts (§ 43 II SGB VI) ist und es unwahrscheinlich ist, dass die volle Erwerbsminderung behoben werden kann (z.B. bei erheblicher geistiger Behinderung).

Weitere Voraussetzung ist, dass die betreffende Person ihren Lebensunterhalt nicht aus ihrem Einkommen und Vermögen bestreiten kann.

(3) Antragsleistung

Im Gegensatz zu den sonstigen Leistungen der Sozialhilfe hängen hier die Leistungen von einer Antragstellung ab (§ 41 I SGB XII).

(4) Leistungen

Die Leistungen der Grundsicherung haben Vorrang vor der Hilfe zum Lebensunterhalt (§ 19 II S. 3 SGB XII).
Der Umfang der Leistungen ist in § 42 SGB XII festgelegt. Sie sollen den Lebensunterhalt im Alter und bei dauerhafter Erwerbsminderung sichern. Unterhaltsansprüche gegenüber Eltern und Kindern bleiben dann unberücksichtigt, wenn deren jährliches Gesamteinkommen (§ 16 SGB IV) unter einem Betrag von 100.000 EUR liegt (§ 43 II S. 1 SGB XII).

Einsetzen der Sozialhilfe

3.9 Einsetzen der Sozialhilfe

Mit Ausnahme der Leistungen zur Grundsicherung setzt die Sozialhilfe dann ein, sobald dem Sozialhilfeträger oder den von ihm beauftragten Stellen **bekannt** wird, dass die Leistungsvoraussetzungen vorliegen (§ 18 I SGB XII). Wird die Leistungsnotwendigkeit einem nicht zuständigen Träger der Sozialhilfe oder einer nicht zuständigen Gemeinde bekannt, so ist dieser Zeitpunkt maßgebend (§ 18 II SGB XII).

Die Zuständigkeit der Sozialhilfeträger ist in § 97 SGB XII (sachliche Zuständigkeit) und in § 98 SGB XII (örtliche Zuständigkeit) geregelt.

3.10 Weiterführende Literatur

Grube/Wahrendorf, SGB XII mit SGB II, 2. Auflage, München 2008
Kruse u. a., SGB XII – Sozialhilfe, 2. Auflage, München 2009

4. JUGENDHILFE UND BEHINDERTENHILFE FÜR JUNGE MENSCHEN (SGB VIII)

Soweit junge Menschen betreut werden, sind gegebenenfalls die Übergänge zwischen Jugendhilfe und Behindertenhilfe fließend. Dieser Sachlage entspricht die Regelung des Verhältnisses zwischen Jugendhilfe und Behindertenhilfe.

<small>Jugendhilfe/ Behindertenhilfe für junge Menschen</small>

Die Rechtsgrundlage der Hilfen für Kinder, Jugendliche und junge Volljährige bildet das **Kinder- und Jugendhilfegesetz,** welches als SGB VIII in das Sozialgesetzbuch eingeordnet ist.

<small>KJHG</small>

Ausgangspunkt ist das Recht jedes jungen Menschen, diejenigen Hilfen zu erhalten, die zur Förderung seiner Entwicklung und Erziehung zu einer eigenverantwortlichen und gemeinschaftsfähigen Persönlichkeit notwendig sind (§ 1 I SGB VIII). Das Elternrecht wird dadurch nicht eingeschränkt (§ 1 II SGB VIII), vielmehr soll durch entsprechende Hilfen die Erziehung in der Familie unterstützt und ergänzt werden (§ 8 S. 2 SGB I).

<small>Rechtsanspruch auf Hilfe</small>

Neu in das Gesetz aufgenommen wurde der **Schutzauftrag des Jugendamtes bei Kindeswohlgefährdung,** wenn dem Jugendamt **gewichtige Anhaltspunkte** für die Gefährdung des Wohls eines Kindes oder Jugendlichen bekannt werden (§ 8 a I SGB VIII). Durch Vereinbarungen mit Einrichtungsträgern und Diensten, die Leistungen nach dem SGB VIII erbringen, muss sichergestellt werden, dass diese Institutionen den Schutzauftrag in entsprechender Weise wahrnehmen (§ 8 a II SGB VIII). Das Jugendamt hat gegebenenfalls das Familiengericht, andere Leistungsträger, Eirichtungen der Gesundheitshilfe oder die Polizei einzuschalten.

Das SGB VIII sieht Leistungen der Jugendhilfe für folgende Bereiche vor:

(1) Jugendarbeit, Jugendsozialarbeit, erzieherischer Kinder- und Jugendschutz;

(2) Förderung der Erziehung **in** der Familie: Allgemeine Förderung der Erziehung in der Familie, Beratung in Fragen der Partnerschaft, Trennung und Scheidung, Beratung und Unterstützung bei der Ausübung der Personensorge;

(3) Förderung von Kindern in Tageseinrichtungen und in Kindertagespflege;

(4) Hilfe zur Erziehung, Eingliederungshilfe für seelisch behinderte Kinder und Jugendliche;

(5) Hilfe für junge Volljährige

Hilfe zur Erziehung Zum Kernbereich des Kinder- und Jugendhilfegesetzes gehören die Leistungen im Rahmen der Hilfe zur Erziehung. Diese umfassen sowohl pädagogische als auch damit verbundene therapeutische Leistungen (§ 27 III S. 1 SGB VIII). Die im Gesetz getroffene Aufzählung der Leistungen ist nicht ausschließend; es können auch andere Leistungen mit umfasst werden. Folgende Formen sieht das Gesetz derzeit vor:

(1) Erziehungsberatung (§ 28 SGB VIII),

(2) Soziale Gruppenarbeit (§ 29 SGB VIII),

(3) Erziehungsbeistand/Betreuungshelfer (vgl. § 10 I Nr. 5 JGG, § 30 SGB VIII),

(4) Sozialpädagogische Familienhilfe (§ 31 SGB VIII),

(5) Erziehung in einer Tagesgruppe (§ 32 SGB VIII),

(6) Vollzeitpflege (§ 33 SGB VIII),

(7) Heimerziehung, sonstige betreute Wohnformen (§ 34 SGB VIII),

(8) Intensive sozialpädagogische Einzelbetreuung (§ 35 SGB VIII).

Anspruch auf Hilfe zur Erziehung Wichtig ist, dass einen Anspruch auf Hilfe zur Erziehung nicht der Minderjährige, sondern die Personensorgeberechtigten haben (§ 27 I SGB VIII), im Gegensatz zur Eingliederungshilfe für seelisch behinderte Kinder und Jugendliche (§ 35 a SGB VIII), bei der das Kind bzw. der Jugendliche selbst anspruchsberechtigt ist. Die Kostentragung für die in § 78 a SGB VIII genannten Maßnahmen der Jugendhilfe trifft primär den **öffentlichen Träger** der Jugendhilfe (§ 78 b I SGB VIII).

Soweit Einrichtungen und Dienste der Träger der freien Jugendhilfe in Anspruch genommen werden, geschieht dies im Rahmen von Leistungs- und Entgeltvereinbarungen (§§ 77, 78b, 78c SGB VIII).

158

Kinder, Jugendliche, junge Volljährige und Eltern sind entsprechend ihren Einkommensverhältnissen zur Kostenbeteiligung verpflichtet (§§ 90ff. SGB VIII).

Das SGB VIII legt fest, dass Kinder und Jugendliche entsprechend ihrem Entwicklungsstand an allen sie betreffenden Entscheidungen der öffentlichen Jugendhilfe zu beteiligten sind (§ 8 I SGB VIII). Dies gilt selbstverständlich auch für die Personensorgeberechtigten. Gerade bei Maßnahmen der Hilfe zur Erziehung und der Eingliederungshilfe für seelisch behinderte Kinder und Jugendliche ist diese Kooperation besonders wichtig. § 36 SGB VIII sieht deshalb Folgendes vor:

Beteiligung an den Entscheidungen

(1) Das Jugendamt hat **vor** einer Entscheidung über die Inanspruchnahme und Änderung von Art und Umfang der Hilfe die Personensorgeberechtigten und das Kind bzw. den Jugendlichen zu **beraten** und auf mögliche Folgen für die Entwicklung hinzuweisen. Bei Hilfen außerhalb der eigenen Familie sind die vorgenannten Personen an der **Auswahl der Einrichtung** oder **Pflegestelle** zu beteiligen, wobei ihnen ein **Wahlrecht** zusteht, wenn damit nicht unverhältnismäßige Mehrkosten verbunden sind (§ 36 I SGB VIII).

(2) Hilfen, die voraussichtlich für längere Zeit zu leisten sind, haben für die Betroffenen einen einschneidenden Charakter. Deshalb soll die Entscheidung nicht nur von einer Person abhängen, sondern durch **mehrere Fachkräfte** getroffen werden.

Die Grundlage für die Entscheidung stellt der **Hilfeplan** dar, welcher mit den Betroffenen (Kind bzw. Jugendlicher, Personensorgeberechtigte) aufgestellt werden und Bedarf, Art der Hilfe und notwendige Leistungen festlegen soll. Dieser Hilfeplan muss selbstverständlich in regelmäßigen Zeitabständen überprüft und gegebenenfalls an veränderte Situationen angepasst werden; von besonderer Bedeutung ist dabei, ob die Hilfe weiterhin geeignet und notwendig ist. Werden bei der Durchführung der Hilfe andere Personen, Dienste oder Einrichtungen (z. B. die Einrichtung eines freien Trägers) tätig, sind diese sowohl an der Aufstellung des Hilfeplanes als auch an seiner regelmäßigen Überprüfung zu beteiligen (§ 36 II SGB VIII). Betrifft der Hilfeplan seelisch behinderte Kinder oder Jugendliche, so sollen ein in der Behindertenhilfe besonders erfahrener Arzt sowie bei Maßnahmen der beruflichen Eingliederung die zuständigen Stellen der Bundesagentur für Arbeit beteiligt werden (§ 36 III SGB VIII).

Hilfeplan

Gerade bei Hilfen außerhalb der eigenen Familie ist es notwendig, dass die Pflegeperson bzw. die in einer Einrichtung für die Erziehung

Zusammenarbeit mit den Eltern

und Betreuung verantwortlichen Personen (z. B. der zuständige Gruppenleiter) eng mit den Eltern zusammenarbeiten. Ziel muss sein, entweder die Erziehungsbedingungen in der Herkunftsfamilie soweit zu verbessern, dass sie die Erziehung wieder selbst übernehmen kann oder, wenn dies nicht möglich ist, eine andere Perspektive zu erarbeiten (§ 37 I SGB VIII).

Nach der Definition des § 7 I Nr. 1, 2 SGB VIII ist Kind, wer noch nicht 14 Jahre, und Jugendlicher, wer noch nicht 18 Jahre alt ist.

Körperlich oder geistig behinderte Menschen

Die Frage des Verhältnisses zwischen Jugendhilfe und Behindertenhilfe hat der Gesetzgeber in der Weise gelöst, dass Maßnahmen der Eingliederungshilfe nach dem SGB XII für junge Menschen, die **körperlich** oder **geistig** behindert oder von einer solchen Behinderung bedroht sind, den Jugendhilfeleistungen **vorgehen** (§ 10 IV S. 2 SGB VIII). Bei dem vom Sozialhilfeträger aufzustellenden Gesamtplan muss der Sozialhilfeträger auch mit dem **Jugendamt** zusammenwirken, um die erzieherische Fachkompetenz dieser Behörde einzubeziehen (§ 58 II SGB XII).

Seelisch behinderte junge Menschen

Die Eingliederungshilfe für **seelisch** behinderte oder von einer solchen Behinderung bedrohte junge Menschen wurde dem Jugendhilfebereich zugeordnet (§ 35 a SGB VIII), weil hier in der Regel auch der erzieherische Bereich berührt wird.

Die Hilfe, auf welche die Grundsätze der Eingliederungshilfe nach dem SGB XII anzuwenden sind, wird entsprechend dem persönlichen Bedarf ambulant, in teilstationären Einrichtungen, durch Pflegepersonen, in Heimen oder sonstigen Wohnformen geleistet.

Wenn neben der Eingliederungshilfe Hilfe zur Erziehung (§§ 27 ff. SGB VIII) erforderlich ist, sollen solche Personen, Dienste und Einrichtungen in Anspruch genommen werden, die beiden Erfordernissen gerecht werden (§ 35 a IV S. 1 SGB VIII).

Bei heilpädagogischen Maßnahmen für noch nicht schulpflichtige Kinder in Tageseinrichtungen sollen nach Möglichkeit solche Einrichtungen damit betraut werden, die behinderte und nichtbehinderte Kinder gemeinsam betreuen.

Das SGB IX bezieht nunmehr auch ausdrücklich die Träger der öffentlichen Jugendhilfe in den Kreis der Rehabilitationsträger ein, wobei auch die Jugendhilfeträger ihre Aufgaben „selbstständig und eigenverantwortlich" wahrnehmen (§ 6 I Nr. 6, II SGB IX). Die Jugendhilfeträger werden in diesem Zusammenhang nur im Rahmen der Eingliederungshilfe für **seelisch behinderte** oder von einer solchen Behinderung bedrohte junge Menschen nach den §§ 35 a, 41 SGB VIII tätig.

Die durch das Kinder- und Jugendhilfegesetz vorgenommene weitgehende Kommunalisierung der Jugendhilfe weist den größten Teil der Jugendhilfe (einschließlich der Eingliederungshilfe für seelisch behinderte junge Menschen) den **örtlichen Trägern** zu. Örtliche Träger sind die kreisfreien Städte und Landkreise (§ 69 I S. 2 SGB VIII). Jeder örtliche Träger hat zur Erfüllung dieser Aufgaben ein **Jugendamt** errichtet (§ 69 III SGB VIII).

Örtliche Träger

Der Jugendhilfebereich ist seit langem durch die enge Zusammenarbeit zwischen öffentlichen und freien Trägern der Jugendhilfe geprägt; Leistungsverpflichtungen können sich aber nur an die öffentlichen Träger richten (vgl. § 3 II SGB VIII).

Wie im Sozialhilfebereich sollen auch im Jugendhilfebereich öffentliche und freie Träger **partnerschaftlich** zusammenarbeiten, wobei die **Selbstständigkeit der freien Träger** – was ihre Organisationsstruktur als auch ihre Zielsetzung und die Art der Durchführung ihrer Aufgaben anbetrifft – durch die öffentliche Jugendhilfe gewahrt werden muss (§ 4 I SGB VIII). Diese Zusammenarbeit umfasst auch die Förderung der freien Träger (§§ 4 III, 74 SGB VIII). In diesem System haben die freien Träger insoweit einen „bedingten Vorrang" vor den öffentlichen Trägern, als diese von eigenen Maßnahmen dann absehen sollen, wenn anerkannte (vgl. § 75 SGB VIII) freie Träger den Bedarf abdecken (§ 4 II SGB VIII).

Freie Träger

Beispiel:
Die durch freie Träger getragenen Erziehungsberatungsstellen decken den Bedarf in einem Jugendamtsbezirk ab. Damit ist kein Raum mehr für eine durch das Jugendamt zu errichtende Erziehungsberatungsstelle.

4.1 Weiterführende Literatur

Mrozynski, SGB VIII – Kinder- und Jugendhilfe, 5. Auflage, München 2009
Wiesner/Mörsberger/Oberloskamp/Struck, SGB VIII Kinder- und Jugendhilfe, 3. Auflage, München 2006

5. ARBEITSFÖRDERUNG UND BEHINDERTENHILFE (SGB III)

SGB III

Das am 1.1.1998 in Kraft getretene SGB III (Arbeitsförderung) löste das Arbeitsförderungsgesetz (AFG) ab. Das SGB III hat wesentlich zum Ziel, dazu beizutragen, dem Entstehen von Arbeitslosigkeit entgegenzuwirken, die Dauer der Arbeitslosigkeit zu verkürzen und den Ausgleich von Angebot und Nachfrage auf dem Ausbildungs- und Beschäftigungsmarkt zu unterstützen (§ 1 I SGB III).

Bundesagentur für Arbeit

Die im SGB III genannten Aufgaben werden durch die **Bundesagentur für Arbeit** durchgeführt, welche sich in die drei Verwaltungsebenen gliedert:

– obere Verwaltungsebene: Zentrale (in Nürnberg)
– mittlere Verwaltungsebene: Regionaldirektionen
– örtliche Verwaltungsebene: Agenturen für Arbeit (§ 367 II SGB III).

Von besonderer Bedeutung sind hier die Leistungen für Arbeitnehmer bzw. künftige Arbeitnehmer:

1. Berufsberatung sowie Ausbildungs- und Arbeitsvermittlung und diese unterstützende Leistungen,
2. Förderung aus dem Vermittlungsbudget,
3. Mobilitätshilfen zur Aufnahme einer Beschäftigung,
4. Gründungszuschuss zur Aufnahme einer selbstständigen Tätigkeit,
5. Berufsausbildungsbeihilfe während einer beruflichen Ausbildung oder einer berufsvorbereitenden Bildungsmaßnahme,
6. Übernahme der Weiterbildungskosten während der Teilnahme an einer beruflichen Weiterbildung,
7. allgemeine und als **behinderte Menschen** zusätzlich besondere Leistungen zur Teilhabe am Arbeitsleben und diese ergänzende Leistungen nach diesem und dem Neunten Buch, insbesondere Ausbildungsgeld, Übernahme der Teilnahmekosten und Übergangsgeld,
8. Arbeitslosengeld während Arbeitslosigkeit, Teilarbeitslosengeld sowie Arbeitslosengeld bei beruflicher Weiterbildung,
9. Kurzarbeitergeld bei Arbeitsausfall,
10. Insolvenzgeld bei Zahlungsunfähigkeit des Arbeitgebers,
11. Wintergeld,
12. Transferleistungen
(§ 3 I SGB III).

Für den Bereich der Heilerziehungspflege sind insbesondere diejenigen Leistungen von Bedeutung, welche die Förderung der beruflichen Eingliederung **Behinderter** zum Gegenstand haben (§§ 19 I Nr. 3 e SGB I, 97 ff. SGB III).

Berufliche Eingliederung Behinderter

Behinderte im Sinne des SGB III sind „Menschen, deren Aussichten, am Arbeitsleben teilzuhaben oder weiter teilzuhaben, wegen Art oder Schwere ihrer Behinderung im Sinne von § 2 Abs. 1 des Neunten Buches nicht nur vorübergehend wesentlich gemindert sind und die deshalb Hilfen zur Teilhabe am Arbeitsleben benötigen, einschließlich **lernbehinderter Menschen**" (§ 19 I SGB III). Dies gilt auch für von Behinderung im vorgenannten Sinn bedrohten Personen (§ 19 II SGB III).

Behindertenbegriff

Leistungen zur beruflichen Eingliederung Behinderter müssen wegen Art oder Schwere der Behinderung **erforderlich** sein, um die Erwerbsfähigkeit der zu erhalten, zu bessern, herzu- oder wiederherzustellen und ihre Teilhabe am Arbeitsleben zu sichern (§ 97 I SGB III).

Erforderlichkeit der Leistung

Die Leistungen gliedern sich in
allgemeine Leistungen
und
besondere Leistungen.

Allgemeine Leistungen (§ 100 SGB III):

Allgemeine Leistungen

(1) vermittlungsunterstützende Leistungen,
(2) Leistung zur Förderung der Aufnahme einer selbstständigen Tätigkeit,
(3) Leistungen zur Förderung der Berufsausbildung,
(4) Leistungen zur Förderung der beruflichen Weiterbildung.

Besondere Leistungen (§ 103 SGB III):

Besondere Leistungen

(1) Übergangsgeld.
(2) Ausbildungsgeld, wenn ein Übergangsgeld nicht erbracht werden kann.
(3) Übernahme der Teilnahmekosten für eine Maßnahme.

Zu beachten ist, dass Leistungen der Arbeitsförderung nur auf **Antrag** erbracht werden (§ 323 I S.1 SGB III). Der Antrag muss in der Regel **vor** „Eintritt des leistungsbegründenden Ereignisses" gestellt werden (§ 324 I S.1 SGB III). Bei berufsfördernden Leistungen zur Rehabili-

Antragserfordernis

tation kann der Behinderte selbst bzw. sein gesetzlicher Vertreter den Antrag stellen. Der Antrag ist nicht an eine bestimmte Form gebunden.

Fall:

Die 17-jährige A macht wegen ihrer Lernbehinderung in einem Berufsbildungswerk eine Ausbildung zur Bekleidungsfertigerin. In den letzten Monaten zeigt sie ein immer deutlicher werdendes Desinteresse an der praktischen Ausbildung als auch der Berufsschule, so dass sie die Abschlussprüfung nicht bestehen wird. Die Agentur für Arbeit, welche die Rehabilitationsmaßnahme finanziert, stellt, nachdem alle Bemühungen um eine Änderung erfolglos geblieben sind, durch einen Bescheid die Leistungen ein. A fragt, ob der Bescheid zu Recht ergangen ist.

Lösung:

Die Gewährung der Reha-Maßnahme setzt die entsprechende Bereitschaft voraus, eine Ausbildung mit Erfolg abzuschließen. Da diese Voraussetzungen bei A nicht mehr vorliegen, besteht die Entscheidung der Agentur für Arbeit zu Recht (§ 48 SGB X).

Anerkannte Werkstätten für behinderte Menschen
Anerkannte Werkstätten für behinderte Menschen werden in die Förderung einbezogen, allerdings nur für Maßnahmen im **Eingangsverfahren** und im **Berufsbildungsbereich** (§ 102 II SGB III), nicht dagegen im **Arbeitsbereich,** für den in der Regel der Sozialhilfeträger zuständig ist. Die näheren Regelungen für die Werkstätten für behinderte Menschen sind im SGB IX (§§ 136ff) und in der Werkstättenverordnung (WVO) enthalten.

Förderung der Arbeitsaufnahme
Um das Ziel der Rehabilitation zu erreichen, ist es wichtig, gerade auch die **Arbeitsaufnahme** zu fördern. Dies erfolgt im Rahmen der §§ 217 ff. SGB III, z. B. durch Gewährung von Eingliederungszuschüssen an Arbeitgeber (Zuschüsse zu den Arbeitsentgelten).

5.1 Weiterführende Literatur

Cramer, Werkstätten für behinderte Menschen, 5. Auflage, München 2009
Niesel, Sozialgesetzbuch Arbeitsförderung – SGB III, 4. Auflage, München 2007

5a. GRUNDSICHERUNG FÜR ARBEITSSUCHENDE

(1) Gesetzliche Grundlage

Mit dem 4. Gesetz für moderne Dienstleistungen am Arbeitsmarkt hat der Gesetzgeber das Zweite Buch des Sozialgesetzbuches – **Grundsicherung für Arbeitssuchende** – in das Sozialgesetzbuch eingefügt (SGB II). Diese Grundsicherung besteht aus Dienst-, Geld- und Sachleistungen (§ 4 I SGB II).

(2) Zielgruppe

Das Gesetz betrifft alle **erwerbsfähigen** Hilfebedürftigen, die das 15. Lebensjahr vollendet und die Altersgrenze nach § 7a SGB II noch nicht erreicht haben, sowie die mit ihnen in einer **Bedarfsgemeinschaft** lebenden Angehörigen, z.B. den Ehegatten des Hilfebedürftigen (§§ 7, 7a SGB II). Eine **Erwerbsfähigkeit** liegt dann vor, wenn der Hilfebedürftige „nicht wegen Krankheit oder Behinderung auf absehbare Zeit außerstand ist, unter den üblichen Bedingungen des allgemeinen Arbeitsmarktes mindestens **drei Stunden** täglich erwerbstätig zu sein (§ 8 I SGB II).
Erwerbsfähigkeit im Sinne von § 8 SGB II kann auch bei einer Behinderung gegeben sein (vgl. § 21 IV SGB II).
In diesem Zusammenhang ist die in § 10 SGB II festgelegte Zumutbarkeit der Arbeit von großer Bedeutung. Danach ist dem erwerbsfähigen Hilfebedürftigen grundsätzlich jede Arbeit zumutbar, sofern nicht die in § 10 I Nr. 1–5 SGB II genannten Gründe vorliegen. **Hilfebedürftig** sind diejenigen Personen, die ihren Lebensunterhalt, ihre Eingliederung in Arbeit und den Lebensunterhalt der mit ihnen in einer Bedarfsgemeinschaft lebenden Personen nicht oder nicht ausreichend aus eigenen Kräften und Mitteln sichern können und auch nicht von anderen Personen, insbesondere Angehörigen, entsprechend unterstützt werden sowie auch keine entsprechenden Leistungen von anderen Sozialleistungsträgern (z.B. Renten) erhalten (§ 9 I SGB II).

(3) Leistungen

Zur Grundsicherung werden „Leistungen zur Beendigung oder Verringerung der Hilfebedürftigkeit insbesondere durch Eingliederung in Arbeit und zur Sicherung des Lebensunterhalts erbracht" (§ 1 II SGB II). Diese Leistungen bestehen aus
– Leistungen zur Eingliederung in Arbeit

(Randnotizen: Grundsicherung für Arbeitssuchende; Zielgruppe; Leistungen)

– Leistungen zur Sicherung des Lebensunterhalts (Arbeitslosengeld II und Sozialgeld)

Dabei sind die Leistungen darauf auszurichten, dass sie „die familienspezifischen Lebensverhältnisse von erwerbsfähigen Hilfebedürftigen, die Kinder erziehen oder pflegebedürftige Angehörige betreuen" berücksichtigen und „behinderungsspezifische Nachteile überwunden werden" (§ 1 I S. 4 Nr. 4, 5 SGB II).

Der Gesetzgeber betont die Dringlichkeit der Hilfe für erwerbsfähige Hilfebedürftige, die das 25. Lebensjahr noch nicht vollendet haben. Diese sollen unverzüglich nach Antragstellung in eine Arbeit, eine Ausbildung oder eine Arbeitsgelegenheit vermittelt werden (§ 3 II S. 1 SGB II).

Angehörige, die nicht erwerbsfähig sind und mit erwerbsfähigen Hilfebedürftigen in Bedarfsgemeinschaft leben, erhalten **Sozialgeld**, soweit sie keinen Anspruch auf die Grundsicherung im Alter und bei dauerhafter Erwerbsminderung (§§ 41–46 SGB XII) haben (§ 28 I SGB II).

Träger der Grundsicherung

(4) Träger der Grundsicherung

Die Leistungen zur Grundsicherung werden von den Agenturen für Arbeit erbracht (§ 6 I Nr. 1 SGB II). Davon ausgenommen sind Leistungen für Unterkunft und Heizung (§ 22 SGB II) und sonstige Leistungen nach § 23 III SGB II, z. B. die Erstausstattung für die Wohnung und die Erstausstattung für Bekleidung. Für diese Leistungen sind die kreisfreien Städte und die Landkreise zuständig, soweit nicht das jeweilige Landesrecht andere Träger bestimmt (§ 6 I Nr. 2 SGB II).

Die kreisfreien Städte und Landkreise können nach § 6a SGB II entsprechend einer durch Bundesgesetz zu treffenden Regelung auch die Aufgaben der Agenturen für Arbeit nach dem SGB II übernehmen.

Die entsprechend § 44 b SGB II gebildeten **Arbeitsgemeinschaften zwischen den Trägern der Leistungen** wurden durch das Bundesverfassungsgericht mit Urteil vom 20. Dezember 2007 (2 BvR 2433/04, 2 BvR 2434/04) für verfassungswidrig erklärt. § 44 b SGB II bleibt bis zum 31. Dezember 2010 anwendbar, wenn der Bundesgesetzgeber nicht zuvor eine andere Regelung trifft.

Leistungsverhältnis SGB II – SGB XII

(5) Verhältnis der Leistungen nach dem SGB II zu den entsprechenden Leistungen nach dem SGB XII

Leistungen zur Sicherung des Lebensunterhalts nach dem SGB II (§§ 19–27) schließen Leistungen nach dem SGB XII (Hilfe zum Lebensunterhalt – §§ 27–40 SGB XII) aus (§ 5 II S. 1 SGB II).

Leistungen zur Grundsicherung im Alter und dauerhafter Erwerbs-minderung nach den §§ 41–46 SGB XII sind gegenüber dem Sozial-geld vorrangig (§ 28 SGB II).

Soweit die Voraussetzungen vorliegen, besteht neben den Leistungen nach dem SGB II ein Anspruch auf folgende Leistungen nach dem SGB XII:

– Hilfen zur Gesundheit (§§ 47–52 SGB XII)
– **Eingliederungshilfe für Behinderte** (§§ 53–60 SGB XII)
– Hilfe zur Pflege (§§ 61–66 SGB XII)
– Hilfe zur Überwindung besonderer sozialer Schwierigkeiten (§§ 67–69 SGB XII)
– Hilfe in anderen Lebenslagen (§§ 70–74 SGB XII).

(6) Eingliederungsvereinbarung

Ein-gliederungs-vereinbarung

§ 15 I SGB II sieht vor, dass die Agentur für Arbeit mit jedem erwerbs-fähigen Hilfebedürftigen die für seine Eingliederung erforderlichen Leistungen **vereinbart.**

Die Vereinbarung enthält insbesondere die abgesprochenen Leistun-gen und die Mindestanforderungen an die Bemühungen des Hilfebe-dürftigen im Hinblick auf die Eingliederung in Arbeit.

Wenn eine Bildungsmaßnahme vereinbart wird, wird auch geregelt, welche Schadenersatzpflicht besteht, wenn der Hilfebedürftige die Maßnahme aus einem von ihm zu vertretenden Grund nicht zu Ende führt.

Auch die Leistungen an Personen der Bedarfsgemeinschaft können Gegenstand der Vereinbarung sein.

(7) Antragsleistung

Antrags-leistung

Die Leistungen der Grundsicherung für Arbeitssuchende werden nur auf **Antrag** erbracht (§ 37 I SGB II), aber nicht für Zeiten vor der Antragstellung (§ 37 II S. 1 SGB II). Hinsichtlich der Bedarfsgemein-schaft wird gesetzlich vermutet, dass der Antragsteller bevollmächtigt ist, Leistungen auch für diese Personen zu beantragen und entgegenzu-nehmen (§ 38 SGB II).

5a.1 Weiterführende Literatur

Hüttenbrink, Sozialhilfe und Arbeitslosengeld II, 10. Auflage, München 2007
SGB II – Grundsicherung für Arbeitssuchende/SGB XII – Sozialhilfe, 5. Auf-lage, München 2008

6. Gesetzliche Krankenversicherung (SGB V)

SGB V Die grundlegenden Vorschriften zur **gesetzlichen** (im Unterschied zur privaten) Krankenversicherung sind im SGB V enthalten. Sie beruht auf einer Solidargemeinschaft und der Mitverantwortung der Versicherten für ihre Gesundheit (§ 1 SGB V).

Kassenarten Die gesetzliche Krankenversicherung gliedert sich im Wesentlichen in folgende Kassenarten:
Ortskrankenkassen
Betriebskrankenkassen
Innungskrankenkassen
Ersatzkassen.
Hinsichtlich der Mitglieder sind zwei Gruppen zu unterscheiden:

Versicherungspflichtige Mitglieder (1) **Versicherungspflichtige** Mitglieder (vgl. § 5 SGB V)
Dieser Personenkreis setzt sich hauptsächlich aus Arbeitnehmern und zu ihrer Berufsausbildung Beschäftigten zusammen, soweit das regelmäßige Jahresarbeitsentgelt die Jahresarbeitsverdienstgrenze (2009: monatlich 4 050 EUR) nicht übersteigt.
Im Behindertenbereich fallen zwei Personengruppen unter die Versicherungspflicht:
Behinderte, die in anerkannten Werkstätten für behinderte Menschen oder in Blindenwerkstätten beschäftigt sind (§ 5 I Nr. 7 SGB V)
Behinderte, die in Anstalten, Heimen oder gleichartigen Einrichtungen in gewisser Regelmäßigkeit eine Leistung erbringen, die bei einer gleichartigen Beschäftigung einem Fünftel der Leistung eines voll erwerbsfähigen Beschäftigten entspricht (§ 5 I Nr. 8 SGB V).

Freiwilligversicherte Mitglieder (2) Freiwillig versicherte Mitglieder (vgl. § 9 SGB V)
Unter bestimmten Voraussetzungen können sich Personen in der gesetzlichen Krankenversicherung freiwillig versichern. Dies trifft auch auf schwerbehinderte Menschen zu (vgl. § 9 I Nr. 4 SGB V).

Familienversicherung Von besonderer Bedeutung ist bei der gesetzlichen Krankenversicherung (im Unterschied zur privaten Krankenversicherung) der Grundsatz **der Familienversicherung**, wonach auch der Ehegatte, der Lebenspartner und die Kinder unter bestimmten Voraussetzungen ohne besondere Beitragszahlung mitversichert sind (§§ 10 SGB V).

Leistungen Im Wesentlichen werden in folgenden Bereichen Leistungen durch die gesetzliche Krankenversicherung erbracht:

zur Verhütung von Krankheiten und deren Verschlimmerung,
zur Früherkennung von Krankheiten,
zur Behandlung einer Krankheit.
Mit umfasst sind auch Leistungen zur medizinischen Rehabilitation
sowie unterhaltssichernde und andere ergänzende Leistungen, die notwendig sind, um eine Behinderung oder Pflegebedürftigkeit abzuwenden, zu beseitigen, zu mindern, auszugleichen, ihre Verschlimmerung
zu verhüten oder ihre Folgen zu mildern (§ 11 II SGB V).
Soweit die Voraussetzungen vorliegen, besteht ein Anspruch auf Kran- **Krankengeld**
kengeld (§§ 44 ff. SGB V).
Kein Leistungsanspruch besteht bei den Folgen eines **Arbeitsunfalls**
oder einer **Berufskrankheit,** wenn hierfür die gesetzliche Unfallversicherung zuständig ist (§ 11 V SGB V).
In der Regel erhalten die Versicherten die Leistungen als **Sach- und**
Dienstleistungen (§ 2 II S. 1 SGB V), wobei die Leistungen ausreichend, zweckmäßig und wirtschaftlich sein müssen und das Maß des
Notwendigen nicht übersteigen dürfen (§ 12 I S.1 SGB V).

Fall:
Ein 19-jähriger junger Mann, der schwer geistig behindert ist, soll
am 1. Oktober in eine Werkstatt für behinderte Menschen aufgenommen werden. Der Vater des jungen Mannes ist schon seit vielen
Jahren bei einer gesetzlichen Krankenkasse versichert. Die Mutter
ist im Rahmen der Familienversicherung mitversichert. Am
15. September erleidet der junge Mann einen Unfall, bei dem er
sich den Arm bricht. Wer trägt die Kosten der Krankenbehandlung?

Lösung:
Für die Krankenbehandlung muss die Krankenkasse des Vaters
aufkommen, bei welcher der junge Mann im Rahmen der Familienversicherung mitversichert ist (§ 10 II Nr. 4 SGB V). Die eigene Ver sicherung des jungen Mannes beginnt erst mit dem Beginn
der Tätigkeit in der Werkstatt für behinderte Menschen (§ 186 VI
SGB V).

6.1 Weiterführende Literatur

Becker/Kingreen, SGB V, München 2008
SGB V, Recht des öffentlichen Gesundheitswesens, 15. Auflage, München
2008

7. GESETZLICHE RENTENVERSICHERUNG (SGB VI)

Gesetzliche Rentenversicherung

Die gesetzliche Rentenversicherung ist Teil des Sozialversicherungssystems und seit 1. 1. 1992 in das SGB unter SGB VI eingeordnet. „Die Aufgaben der gesetzlichen Rentenversicherung (allgemeine Rentenversicherung und knappschaftliche Rentenversicherung) werden von Regionalträgern und Bundesträgern wahrgenommen" (§ 125 I S. 1 SGB VI). „Bun-

Träger

desträger sind die Deutsche Rentenversicherung Bund und die Deutsche Rentenversicherung Knappschaft-Bahn-See" (§ 125 II S. 1 SGB VI).

Versicherungspflicht

Eine **Versicherungspflicht** besteht insbesondere für gegen Arbeitsentgelt oder zu ihrer Berufsausbildung Beschäftigte (§ 1 Nr. 1 SGB VI). Pflichtversichert sind auch Behinderte, die in anerkannten Werkstätten für behinderte Menschen beschäftigt sind, ferner solche, die in Anstalten und Heimen mit einer gewissen Regelmäßigkeit eine Leistung erbringen, die einem Fünftel der Leistung eines voll Erwerbstätigen gleichartiger Beschäftigung entspricht (§ 1 Nr. 2 SGB VI); ferner Personen, die in Einrichtungen der Jugendhilfe oder in Berufsbildungswerken oder ähnlichen Einrichtungen für behinderte Menschen für eine Erwerbstätigkeit befähigt werden sollen (§ 1 Nr. 3 SGB VI).

Umlageverfahren

Die Ausgaben der Rentenversicherung werden im Wesentlichen aus den Beiträgen der Versicherten und einem Bundeszuschuss bezahlt (§ 153 II SGB VI). Arbeitnehmer und Arbeitgeber tragen in der Regel die Beiträge je zur Hälfte; Ausnahmen gelten für behinderte Menschen in Einrichtungen bei keinem oder geringem Einkommen (§ 168 I Nr. 2 SGB VI).

Leistungen der Rentenversicherung

Die wichtigsten Leistungen der Rentenversicherung sind:

(1) Leistungen zur Rehabilitation
Nach dem Grundsatz des Vorranges der Rehabilitation vor der Rente (§ 9 I S. 2 SGB VI) muss geprüft werden, ob Rehabilitationsmaßnahmen die Beeinträchtigung der Erwerbsfähigkeit oder das vorzeitige Ausscheiden aus dem Erwerbsleben verhindern können. Wenn diese Voraussetzungen erfüllt sind, werden medizinische und/oder berufsfördernde Leistungen zur Rehabilitation gewährt. Die Zuständigkeit der Rentenversicherung ist allerdings nur gegeben, wenn die versicherungsrechtlichen Voraussetzungen erfüllt sind.

(2) Renten
Folgende Renten sind vorgesehen:
(a) Renten wegen Alters;
(b) Renten wegen verminderter Erwerbsfähigkeit.

(1) Rente wegen **teilweiser Erwerbsminderung**

Eine teilweise Erwerbsminderung liegt dann vor, wenn jemand durch Krankheit oder Behinderung auf nicht absehbare Zeit nicht in der Lage ist, **sechs** Stunden täglich unter allgemeinen Arbeitsmarktbedingungen zu arbeiten.

(2) Rente wegen **voller Erwerbsminderung**

Diese Erwerbsminderung ist dann gegeben, wenn aus Krankheits- oder Behinderungsgründen jemand auf nicht absehbare Zeit nicht mindestens **drei** Stunden täglich arbeiten kann.

Eine volle Erwerbsminderung wird auch bei Personen angenommen, die wegen Art oder Schwere ihrer Behinderung nicht auf dem allgemeinen Arbeitsmarkt tätig sein können **und** entweder in einer anerkannten Werkstatt für behinderte Menschen oder in einer Anstalt oder Heim tätig sind, wobei in der Anstalt oder dem Heim mit einer gewissen Regelmäßigkeit eine Leistung erbracht werden muss, die einem Fünftel der Leistung eines voll erwerbsfähigen Beschäftigten entspricht.

Eine Rentenanspruch besteht nur, wenn die allgemeine **Wartezeit** von fünf Jahren erfüllt und in den letzten fünf Jahren vor Eintritt der Erwerbsminderung drei Jahre lang Pflichtbeiträge für eine versicherte Beschäftigung geleistet wurden.

Wenn Versicherte bereits vor Erfüllung der allgemeinen Wartezeit voll erwerbsgemindert waren und es seitdem ununterbrochen sind, erwerben sie den Rentenanspruch wegen voller Erwerbsminderung nach einer Wartezeit von 20 Jahren (§ 43 VI SGB VI).

(c) Renten wegen Todes:

Witwenrente, Witwerrente, Erziehungsrente und Waisenrente.

7.1 Weiterführende Literatur

Kreikebohm, Sozialgesetzbuch, Gesetzliche Rentenversicherung SGB VI, 3. Auflage, München 2008
Pelikan, Rentenversicherung, SGB VI, 10. Auflage, München 2002

8. Gesetzliche Unfallversicherung (SGB VII)

(1) Aufgaben der gesetzlichen Unfallversicherung   Aufgaben

Die gesetzliche Unfallversicherung ist seit 1.1.1997 im SGB VII geregelt. Sie hat primär die Aufgabe (§ 1 SGB VII), Arbeitsunfälle,

Berufskrankheiten und arbeitsbedingte Gesundheitsgefahren nach Möglichkeit zu verhüten (z. B. durch Unfallverhütungsvorschriften, vgl. § 15 SGB VII).

Nach einem Arbeitsunfall oder dem Eintritt einer Berufskrankheit soll die Gesundheit und Leistungsfähigkeit der Versicherten wiederhergestellt oder sie oder ihre Hinterbliebenen durch Geldleistungen entschädigt werden.

Arbeitsunfall

(2) Arbeitsunfall

Ein Arbeitsunfall (§ 8 SGB VII) liegt dann vor, wenn es sich um den Unfall eines in der gesetzlichen Unfallversicherung Versicherten handelt und der Unfall sich infolge einer unter den Versicherungsschutz fallenden Tätigkeit ereignet hat.

Zu diesen Tätigkeiten zählt z. B. auch das Zurücklegen des mit der versicherten Tätigkeit zusammenhängenden **unmittelbaren** Weges nach und von dem Ort der Tätigkeit. Ein Abweichen vom unmittelbaren Weg ist auch dann vom Versicherungsschutz umfasst, wenn eine Fahrgemeinschaft mit anderen Berufstätigen gebildet wird.

Berufs-krankheit

(3) Berufskrankheit

Berufskrankheiten sind solche Krankheiten, welche ihre Ursache in einer versicherten Tätigkeit haben und als Berufskrankheit rechtlich anerkannt sind bzw. werden.

Versiche-rung kraft Gesetzes

(4) Versicherter Personenkreis

Die zahlenmäßig wichtigsten Personengruppen sind die Beschäftigten und Lernenden während der beruflichen Aus- und Fortbildung.
Auch die Fachschüler einer Fachschule für Heilerziehungspflege sind gesetzlich unfallversichert.

Leistungen

(5) Leistungen der Unfallversicherungsträger

Bei Vorliegen der gesetzlichen Voraussetzungen werden folgende Leistungen gewährt:
Heilbehandlung
Leistungen zur Teilhabe am Arbeitsleben
Leistungen zur Teilhabe am Leben in der Gemeinschaft und ergänzende Leistungen
Leistungen bei Pflegebedürftigkeit

Geldleistungen während der Heilbehandlung und der Leistungen zur Teilhabe am Arbeitsleben
Renten, Beihilfen, Abfindungen einschließlich der Leistungen an Hinterbliebene

(6) Unfallversicherungsträger   **Unfall-versicherungs-träger**

Die wesentlichen Träger der gesetzlichen Unfallversicherung sind die Berufsgenossenschaften (vgl. § 114 SGB VII).

(7) Die Aufgaben der Unfallversicherungsträger werden durch Umlagen finanziert, welche die Unternehmer aufbringen. Die Beschäftigten selbst brauchen für diese Versicherung keine Beiträge leisten.   **Finanzierung**

Fall:
Eine Heilerziehungspflegerin arbeitet in einer Wohngruppe für behinderte Erwachsene. Eines Tages fällt ihr bei einer Auseinandersetzung mit einem Gruppenmitglied die Brille auf den Boden, wobei die Brillengläser zu Bruch gehen. Es stellt sich die Frage, ob für diesen Schaden die gesetzliche Unfallversicherung aufkommt.

Lösung:
Das SGB VII enthält hierfür eine eindeutige Regelung. Nach § 8 III SGB VII wird auch die Beschädigung eines Hilfsmittels (hier = Brille) als Gesundheitsschaden gesehen, so dass der Unfallversicherungsträger für diesen Schaden eintreten muss.

8.1 Weiterführende Literatur:

SGB VII, Gesetzliche Unfallversicherung, 5. Auflage, München 2009
Schmitt, Gesetzliche Unfallversicherung SGB VII, 3. Auflage, München 2008

9. REHABILITATION UND TEILHABE BEHINDERTER MENSCHEN (SGB IX)

(1) SGB IX   **SGB IX**
Das Sozialgesetzbuch – Neuntes Buch – (SGB IX) ist am 1.7.2001 in Kraft getreten.

Es fasst das Rehabilitations- und Schwerbehindertenrecht unter gleichzeitiger Fortentwicklung dieses Rechts zusammen. Das Benachteiligungsverbot des Grundgesetzes (Art. 3 III S. 2) kommt damit seiner Verwirklichung wieder ein Stück näher.

Zielsetzung des Gesetzes

(2) Zielsetzung des Gesetzes

Diese Zielsetzung besteht nach § 1 SGB IX darin, behinderten oder von Behinderung bedrohten Menschen Leistungen zu gewähren, „um ihre Selbstbestimmung und gleichberechtigte Teilhabe am Leben in der Gesellschaft zu fördern, Benachteiligungen zu vermeiden oder ihnen entgegenzuwirken."

Die Leistungen sind in § 29 SGB I so zusammengefasst:
1. Leistungen zur medizinischen Rehabilitation
2. Leistungen zur Teilhabe am Arbeitsleben
3. Leistungen zur Teilhabe am Leben in der Gemeinschaft
4. unterhaltssichernde und andere ergänzende Leistungen
5. besondere Leistungen und sonstige Hilfen zur Teilhabe **schwerbehinderter** Menschen am Leben in der Gesellschaft, insbesondere am Arbeitsleben.

Die Leistungen zur Teilhabe umfassen nach § 4 SGB IX alle notwendigen Sozialleistungen ohne Rücksicht auf die Ursache einer Behinderung.

Begriff der Behinderung

(3) Behinderung

§ 2 I SGB IX bringt einen an der Klassifikation der Weltgesundheitsorganisation orientierten Behindertenbegriff:
„Menschen sind behindert, wenn ihre
körperliche Funktion,
geistige Fähigkeit oder
seelische Gesundheit
mit hoher Wahrscheinlichkeit länger als sechs Monate von dem für das Lebensalter typischen Zustand abweichen und daher ihre Teilhabe am Leben in der Gesellschaft beeinträchtigt ist. Sie sind **von Behinderung bedroht,** wenn die Beeinträchtigung zu erwarten ist."

(4) Vorrang der Prävention

Prävention

Das Gesetz (§ 3 SGB IX) legt Wert auf die Feststellung, dass die Rehabilitationsträger darauf hinwirken müssen, dass nach Möglichkeit der Eintritt einer Behinderung bzw. einer chronischen Krankheit verhindert wird.

(5) Vorrang der Leistungen zur Teilhabe

Vorrang der Leistungen zur Teilhabe

Es gilt auch der Grundsatz, dass Leistungen zur Teilhabe Vorrang vor Rentenleistungen haben (§ 8 II SGB IX) und nach Möglichkeit Pflegebedürftigkeit vermeiden, überwinden, mindern oder eine Verschlimmerung verhüten sollen (§ 8 III SGB IX).

(5) In den Kreis der bisherigen Rehabilitationsträger wurden nunmehr neu die Träger der öffentlichen **Jugendhilfe** und die Träger der **Sozialhilfe** einbezogen, so dass es jetzt insgesamt sieben Rehabilitationsträger gibt (§ 6 SGB IX):

Rehabilitationsträger

a) gesetzliche Krankenkassen
b) Bundesagentur für Arbeit
c) Träger der gesetzlichen Unfallversicherung
d) Träger der gesetzlichen Rentenversicherung einschließlich der Träger der Alterssicherung der Landwirte
e) Träger der Kriegsopferversorgung einschließlich der Träger der Kriegsopferfürsorge im Rahmen des Rechts der sozialen Entschädigung bei Gesundheitsschäden
f) Träger der öffentlichen Jugendhilfe
g) Träger der Sozialhilfe.

Gleichzeitig wurden die jeweiligen Leistungsträger den in § 5 SGB IX genannten Leistungsgruppen zugeordnet.

Alle Rehabilitationsträger erbringen ihre Leistungen nach dem SGB IX sowie den für sie geltenden **besonderen Vorschriften,** z. B. für den Bereich der Sozialhilfe nach dem SGB XII. Sie sind angehalten, ihre Leistungen so vollständig, umfassend und in gleicher Qualität zu erbringen, so dass Leistungen eines anderen Rehabilitationsträgers nach Möglichkeit nicht erforderlich sind (§ 4 II SGB IX).

Die **Zusammenarbeit** der Rehabilitationsträger (§ 12 SGB IX) kommt insbesondere dadurch zum Ausdruck, dass die im Einzelfall erforderlichen Leistungen zur Teilhabe einheitlich erbracht, Abgrenzungsfragen einvernehmlich geklärt und Begutachtungen möglichst nach einheitlichen Grundsätzen durchgeführt werden. Zur Sicherung der Zusammenarbeit vereinbaren die Rehabilitationsträger mit Ausnahme der Träger der öffentlichen Jugendhilfe und der Sozialhilfe nach den Vorgaben des § 13 SGB IX **gemeinsame Empfehlungen.** Die Träger der öffentlichen Jugendhilfe und der Sozialhilfe orientieren sich an diesen Empfehlungen. Sie können diesen auch beitreten (§ 13 V S 2 SGB IX).

Zuständigkeit (6) Zuständigkeit

Ein wesentlicher Fortschritt gegenüber dem bisherigen Rechtszustand ist die in § 14 SGB IX enthaltene Zuständigkeitsregelung. Damit soll sichergestellt werden, dass die Leistungen zur Teilhabe zügig erbracht werden und Zuständigkeitsstreitigkeiten nicht mehr auf dem Rücken des Hilfesuchenden ausgetragen werden. Nach Eingang des Antrags (bei einer Leistung von Amts wegen tritt an die Stelle des Tages des Antragseingangs die Kenntnis des voraussichtlichen Rehabilitationsbedarfs – § 14 III SGB IX) stellt der Rehabilitationsträger innerhalb von zwei Wochen fest, ob er für die Leistung zuständig ist. Falls er seine Zuständigkeit verneint, leitet er den Antrag unverzüglich an den nach seiner Auffassung zuständigen Rehabilitationsträger weiter. Bei Nichtweiterleitung oder Weiterleitung des Antrags muss der Rehabilitationsbedarf unverzüglich festgestellt werden. Bedarf es dazu keines Gutachtens, wird die Entscheidung innerhalb von drei Wochen nach Antragseingang getroffen, bei Einholung eines Gutachtens innerhalb von zwei Wochen nach dessen Vorliegen (§ 14 II SGB IX). Auch das Gutachten muss innerhalb von zwei Wochen erstellt werden.

Zur Erleichterung der Antragstellung und zur sonstigen Beratung in Rehabilitationsfragen richten die Rehabilitationsträger in allen Landkreisen und kreisfreien Städten, gegebenenfalls für mehrere **Servicestellen** kleine Landkreise oder kreisfreie Städte, **gemeinsame Servicestellen** ein (§ 23 SGB IX), deren Aufgabe die **Beratung** und **Unterstützung** behinderter oder von Behinderung bedrohter Menschen, ihrer Vertrauenspersonen und Personensorgeberechtigten ist. Die Aufgabenstellung dieser Stellen ist in § 22 I SGB IX beschrieben.

In diesem Zusammenhang ist auf die Pflicht der Personensorgeberechtigten (Eltern, Vormünder, Pfleger, Betreuer) hinzuweisen, bei Wahrnehmung von Behinderungen die ihnen anvertrauten Menschen einer Servicestelle, einer sonstigen Beratungsstelle für Rehabilitation oder einem Arzt zur Beratung über geeignete Leistungen zur Teilhabe vorzustellen (§ 60 SGB IX).

Auch **Heilerziehungspfleger** (welche unter den Sammelbegriff „Erzieher" fallen), die bei Ausübung ihres Berufs Behinderungen bei Minderjährigen wahrnehmen, sind verpflichtet, die Personensorgeberechtigten auf die Behinderung und auf die Beratungsangebote nach § 60 SGB IX hinzuweisen (§ 61 II SGB IX).

(7) Wunsch- und Wahlrecht

Sofern ein Leistungsanspruch besteht, muss sowohl bei der Entscheidung über die **Auswahl** der Leistungen wie bei der **Ausführung** der Leistungen (durch welche Leistungserbringer und an welchem Leistungsort) **berechtigten Wünschen** der Leistungsberechtigten entsprochen werden. Die Entscheidung, ob ein Wunsch berechtigt ist, muss sich an der Zielsetzung des Gesetzes, nämlich der Förderung der Selbstbestimmung und der gleichberechtigten Teilhabe am Leben in der Gesellschaft orientieren (§ 1 SGB IX).

Zu den Leistungserbringern zählen auch geeignete freie und gemeinnützige oder private Rehabilitationsdienste und -einrichtungen (§§ 17 I Nr. 3, 19 IV SGB IX).

Neu gegenüber dem bisherigen Rehabilitationsrecht ist die Einführung eines **Wahlrechts zwischen Sach- und Geldleistungen,** soweit die Leistung nicht in einer Rehabilitationseinrichtung auszuführen ist. Voraussetzung ist allerdings die voraussichtlich gleiche Wirksamkeit der Leistungen und deren mindestens gleichwertige Wirtschaftlichkeit (§ 9 II SGB IX). Zu den Geldleistungen zählt auch das in § 17 II SGB IX vorgesehene persönliche Budget, das ab 1. Januar 2008 zu einer Regelleistung wird. Damit erhalten Menschen mit Behinderung einen Rechtsanspruch (§§ 17, 159 V SGB IX).

Wenn der Rehabilitationsträger den Wünschen des Leistungsberechtigten nicht entspricht, muss er dies in einem Bescheid begründen. Damit besteht für den Leistungsberechtigten die Möglichkeit der rechtlichen Nachprüfbarkeit (§ 9 II S. 3 SGB IX).

Wunsch- und Wahlrecht

**Verbands-
klagerecht**

(8) Klagerecht der Verbände

Eine wesentliche Neuerung besteht in der Einführung eines **Verbandsklagerechts** (§ 63 SGB IX). Danach können Verbände, die nach ihrer Satzung behinderte Menschen auf Bundes- oder Landesebene vertreten, einen behinderten Menschen, der sich in seinen sich aus dem SGB IX ergebenden Rechten verletzt fühlt, mit seinem Einverständnis gerichtlich vertreten (gesetzliche Prozessstandschaft).

**Schwer-
behinderte
Menschen**

(9) Teilhabe **schwerbehinderter Menschen** (Schwerbehindertenrecht)

Das SGB IX (Art. 63) hat das Schwerbehindertengesetz (SchwbG) aufgehoben und das Schwerbehindertenrecht als Teil des Artikels 1 neu formuliert.

a) Geschützter Personenkreis

Der Begriff „schwerbehindert" hängt – wie schon der Name sagt – eng mit dem **Grad der Behinderung** zusammen. Menschen sind dann schwerbehindert, wenn der Grad der Behinderung mindestens **50** beträgt (§ 2 II SGB IX).

**Gleich-
gestellte**

Wenn der Grad der Behinderung 50 nicht erreicht, aber wenigstens 30 beträgt, sollen diese Behinderten schwerbehinderten Menschen **gleichgestellt** werden, wenn sie ohne diese Gleichstellung keinen geeigneten Arbeitsplatz erlangen oder nicht behalten können (§ 2 III SGB IX). **Behinderte Jugendliche** und **junge Erwachsene** sind schwerbehinderten Menschen auch dann während der Zeit einer Berufsausbildung in Betrieben und Dienststellen gleichgestellt, wenn der Grad der Behinderung weniger als 30 beträgt oder ein Behinderungsgrad nicht festgestellt ist (§ 68 IV SGB IX).

b) Feststellung der Behinderung

**Antrag des
behinderten
Menschen**

Die Feststellung der Behinderung und des Grades der Behinderung erfolgt nur auf **Antrag** des behinderten Menschen, nicht von Amts wegen, durch die für die Durchführung des Bundesversorgungsgesetzes zuständigen Behörden. Es muss ein rechtswirksamer Antrag vorliegen. Dieser setzt Geschäftsfähigkeit des Antragstellers voraus (§ 11 I Nr. 1 SGB X), andernfalls muss die Antragstellung für den behinderten Menschen durch den gesetzlichen Vertreter erfolgen.

Die Auswirkung der Behinderung werden als Grad der Behinderung nach Zehnergraden festgestellt. Dabei ist nach den in § 30 I

BVG festgelegten Maßstäben zu verfahren, wobei die Minderung der Erwerbsfähigkeit nach der körperlichen und geistigen Beeinträchtigung im allgemeinen Erwerbsleben zu beurteilen ist. Dabei sind auch seelische Begleiterscheinungen und Schmerzen zu berücksichtigen.

Bei **mehreren Beeinträchtigungen** wird der Behinderungsgrad nach den Auswirkungen aller Beeinträchtigungen auch in ihren Beziehungen zueinander festgestellt (§ 69 III SGB IX).

Eine Feststellung erfolgt nur, wenn ein Behinderungsgrad von mindestens 20 vorliegt (§ 69 I S. 6 SGB IX).

Gleichzeitig mit der Feststellung des Grades der Behinderung werden gegebenenfalls auch weitere gesundheitliche Merkmale für die Inanspruchnahme von **Nachteilsausgleichen** festgestellt, z. B. für die unentgeltliche Beförderung im öffentlichen Personenverkehr (§§ 145 ff. SGB IX).

Nachteilsausgleiche

c) Gleichstellung

Gleichstellung

Die Gleichstellung mit schwerbehinderten Menschen ist bei der Agentur für Arbeit zu beantragen. Voraussetzung ist die Feststellung des Grades der Behinderung durch die Versorgungsverwaltung.

d) Auswirkungen der Feststellung der Schwerbehinderteneigenschaft bzw. der Gleichstellung

Mit der Feststellung der Schwerbehinderteneigenschaft bzw. mit der Gleichstellung zählen die betreffenden Personen zu dem Personenkreis, für welchen eine **Beschäftigungspflicht der Arbeitgeber** besteht (§ 71 ff. SGB IX). Sowohl private als auch öffentliche Arbeitgeber, die über mindestens 20 Arbeitsplätze (§ 73 SGB IX) verfügen, müssen auf derzeit mindestens 5 % der Arbeitsplätze schwerbehinderte Menschen beschäftigen (§ 71 I SGB IX).

Beschäftigungspflicht der Arbeitgeber

Fall:

Ein Schwerbehinderter bewirbt sich bei einer Firma, von der er weiß, dass sie die gesetzlich vorgeschriebene Quote für die Beschäftigung schwerbehinderter Menschen nicht erfüllt. Als er eine Absage auf seine Bewerbung erhält, lässt er durch einen Rechtsanwalt prüfen, ob er in diesem Fall nicht einen Anspruch auf Einstellung hat.

> *Lösung:*
> Die gesetzliche Verpflichtung der Arbeitgeber, einen bestimmten Prozentsatz von schwerbehinderten Menschen zu beschäftigen, verschafft dem einzelnen Bewerber kein Recht auf Einstellung.

Ausgleichsabgabe

e) Ausgleichsabgabe

Für jeden nicht besetzten Pflichtarbeitsplatz müssen die Arbeitgeber je Monat eine **Ausgleichsabgabe** bezahlen, die sich nach § 77 SGB IX errechnet. Diese Zahlungen dürfen nur zur Förderung der Teilhabe schwerbehinderter Menschen am Arbeitsleben verwendet werden. Die Erhebung und Verwendung der Ausgleichsabgabe sind Aufgabe der **Integrationsämter** (§ 102 I Nr. 1 SGB IX). Die Einrichtung von Integrationsämtern auf Landesebene ist in § 101 I Nr. 1 SGB IX vorgesehen, wobei nach Landesrecht Aufgaben und Befugnisse dieser Ämter auf örtliche Fürsorgestellen übertragen werden können (§ 107 II SGB IX).

Arbeitsplatzbezogene Rechte

f) Arbeitsplatzbezogene Rechte

Schwerbehinderte Mitarbeiter haben gegenüber ihrem Arbeitgeber einen Anspruch auf eine Beschäftigung, bei der sie ihre Fähigkeiten und Kenntnisse möglichst voll verwerten und weiterentwickeln können, ferner auf eine behinderungsgerechte Einrichtung und Unterhaltung der Arbeitsstätte, die mit den erforderlichen behinderungsgerechten technischen Arbeitshilfen ausgestattet sein muss (§ 81 IV SGB IX).

Kündigungsschutz

g) Kündigungsschutz

Schwerbehinderte Menschen haben bei einer ordentlichen und außerordentlichen Kündigung einen besonderen **Kündigungsschutz**. Dieser besteht darin, dass der Arbeitgeber zu einer Kündigung die **vorherige Zustimmung** des Integrationsamtes benötigt, sofern das Arbeitsverhältnis zum Zeitpunkt des Zugangs der Kündigung länger als sechs Monate besteht (§§ 85, 90 I Nr. 1, 91 SGB IX). Vor seiner Entscheidung hat das Integrationsamt die Stellungnahme des Betriebs- oder Personalrates und der Schwerbehindertenvertretung einzuholen. Es muss auch den schwerbehinderten Menschen selbst anhören (§ 87 II SGB IX).

h) Mehrarbeit, Zusatzurlaub

Schwerbehinderte Mitarbeiter sind nicht zur Mehrarbeit verpflichtet. Sie haben (außer Gleichgestellte) Anspruch auf einen Zusatzurlaub von fünf Arbeitstagen im Urlaubsjahr.

i) Schwerbehindertenvertretung

Wenn ein Betrieb oder eine Dienststelle mindestens fünf schwerbehinderte Mitarbeiter hat, wird von diesen eine Vertrauensperson gewählt, deren Aufgabe es ist, die Eingliederung behinderter Mitarbeiter in den Betrieb oder die Dienststelle zu fördern und ihre Interessen zu vertreten. Die Vertrauensperson steht diesen auch beratend und helfend zur Seite. Der Arbeitgeber hat eine umfassende Informationspflicht und die Verpflichtung, die Schwerbehindertenvertretung in allen entsprechenden Angelegenheiten vor einer Entscheidung anzuhören (§§ 94, 95 SGB IX).

k) Integrationsfachdienste

Das SGB IX sieht auch so genannte **Integrationsfachdienste** vor. Diese sind Dienste **Dritter**, welche bei der Durchführung der Maßnahmen zur Teilhabe schwerbehinderter Menschen am Arbeitsleben (Aufnahme, Ausübung und Sicherung einer möglichst dauerhaften Beschäftigung) beteiligt werden, insbesondere durch Beratung, Unterstützung und Vermittlung eines geeigneten Arbeitsplatzes und entsprechende Hilfeleistung für Arbeitgeber (§§ 109, 110 SGB IX).

9.1 Weiterführende Literatur:

Bundesarbeitsgemeinschaft für Rehabilitation (BAR), Gemeinsame Servicestellen, Handbuch 2008

Majerski-Pahlen/Pahlen, Mein Recht als Schwerbehinderter, 8. Auflage, München 2009

SGB IX, Rehabilitation und Teilhabe behinderter Menschen, 6. Auflage, München 2008

10. SOZIALE PFLEGEVERSICHERUNG (SGB XI)

Im Jahre 1994 wurde die **Sozialversicherung,** mit dem Ziel der Absicherung des Risikos der Pflegebedürftigkeit, um die **Soziale Pflegeversicherung** erweitert (§ 1 I SGB XI).

Pflege-
bedürftigkeit

Pflegebedürftigkeit ist dann gegeben, wenn wegen einer körper-lichen, geistigen oder seelischen Erkrankung oder Behinderung Hilfe notwendig ist, um die gewöhnlichen und regelmäßig wiederkehrenden Verrichtungen im Ablauf des täglichen Lebens voraussichtlich für mindestens sechs Monate sicherzustellen. Darüber hinaus muss die Pflegebedürftigkeit mindestens **erheblich** sein (§§ 14, 15 SGB XI).

Leistungen
der Pflege-
versicherung

Im Rahmen der Pflegeversicherung sind folgende Leistungen vorge-sehen:

(1) Leistungen der häuslichen Pflege (§ 36 SGB XI),
(2) Leistungen der teilstationären Pflege (§ 41 SGB XI),
(3) Leistungen bei Kurzzeitpflege (§ 42 SGB XI),
(4) Leistungen bei vollstationärer Pflege (§ 43 SGB XI).

Pflegekassen

Die Träger der Pflegeversicherung sind die **Pflegekassen.** Diese sind selbstständige Körperschaften des öffentlichen Rechts und wurden bei den gesetzlichen Krankenkassen errichtet (§§ 4 II SGB V, 46 SGB XI). Für die **private** Pflegeversicherung, zu der die bei einem privaten Krankenversicherungsunternehmen Versicherten verpflichtet sind, gilt § 110 SGB XI.

Antrag-
stellung

Leistungen aus der Pflegeversicherung werden nur auf **Antrag** gewährt (§ 33 I S. 1 SGB XI).

Ambulante und stationäre Pflege dürfen Pflegekassen nur durch solche Pflegeeinrichtungen leisten, mit denen ein **Versorgungsvertrag** besteht (§ 72 I S. 1 SGB XI). Ein solcher Vertrag darf wiederum nur abge-schlossen werden, wenn die in § 71 SGB XI geforderten **personellen** Voraussetzungen gegeben sind, insbesondere hinsichtlich der ausgebil-deten **Pflegefachkräfte** (z. B. Krankenschwestern/Krankenpfleger). Nach der derzeitigen Rechtslage gelten Heilerziehungspfleger nur im Bereich der **ambulanten** Pflegeeinrichtungen, die **überwiegend behinderte** Menschen pflegen und betreuen, als ausgebildete Pflege-fachkräfte. Sie müssen eine praktische Berufserfahrung von zwei Jah-ren innerhalb der letzten fünf Jahre nachweisen (§ 71 I, III SGB XI).

Das Pflege-Weiterentwicklungsgesetz (PfWG) vom 28.5.2008 hat u. a. zwei wesentliche Neuerungen gebracht:

(1) Pflegeberatung (§ 7 a SGB XI)

Ab 1. Januar 2009 haben Personen, die Leistungen nach dem SGB XI erhalten, einen Rechtsanspruch „auf individuelle Beratung und Hilfestellung durch einen **Pflegeberater** oder eine **Pflegeberaterin** bei der Auswahl und Inanspruchnahme von bundes- oder landesrechtlich vorgesehenen Sozialleistungen sowie sonstigen Hilfsangeboten, die auf die Unterstützung von Menschen mit Pflege-, Versorgungs- oder Betreuungsbedarf angewiesen sind (Pflegeberatung)." (§ 7 a I SGB XI). Die Pflegeberatung hat insbesondere die Aufgabe, „einen **individuellen Versorgungsplan** mit den im Einzelfall erforderlichen Sozialleistungen und gesundheitsfördernden präventiven, kurativen, rehabilitativen oder sonstigen medizinischen sowie pflegerischen und sozialen Hilfen zu erstellen" und dessen Durchführung zu überwachen (§ 7 a I Nr. 2, 4 SGB XI).

Die Pflegekassen sind verpflichtet, die notwendigen Pflegeberater(innen) zur Verfügung zu stellen (§ 7 a I, IV S.1 SGB XI). Vorgaben über deren Qualifikation sind in § 7 a III SGB XI enthalten.

(2) Pflegestützpunkte

Die Pflegeberater(innen) sollen in sogenannten **Pflegestützpunkten** tätig sein, die zur „wohnortnahen Beratung, Versorgung und Betreuung der Versicherten" durch die Pflegekassen und Krankenkassen einzurichten sind, „sofern die zuständige oberste Landesbehörde dies bestimmt." (§ 92 c I S. 1 SGB XI).

10.1 Weiterführende Literatur

Sengler/Zinsmeister, Mein Recht bei Pflegebedürftigkeit, 3. Auflage, München 2006

SGB XI. Soziale Pflegeversicherung, 9. Auflage, München 2008

11. Verwaltungsverfahren (SGB X) und gerichtlicher Rechtsschutz

Über Ansprüche auf Sozialleistungen wird im Rahmen eines **Verwaltungsverfahrens** nach dem SGB X durch den zuständigen Sozialleistungsträger entschieden. Dieser ist nach Art. 20 III GG „an Gesetz und Recht gebunden" (Gesetzmäßigkeit der Verwaltung). Ein Verwaltungsverfahren „ist die nach außen wirkende Tätigkeit der Behörden, die auf die Prüfung der Voraussetzungen, die Vorbereitung und den Erlass eines Verwaltungsaktes (…) gerichtet ist." (§ 8 SGB X). Das Verwaltungsverfahren ist einfach und zweckmäßig durchzuführen

Verwaltungs-
verfahren

Bevollmächtigte (§ 9 S. 2 SGB X). In diesem Verfahren kann sich jeder Beteiligte durch einen **Bevollmächtigten** vertreten lassen (§ 13 SGB X).

Antrag Das Verwaltungsverfahren beginnt mit der Stellung des **Antrags** (z. B.
Tätigwerden Antrag auf Leistungen aus der Pflegeversicherung – § 33 I S. 1 SGB
von Amts XI) oder mit dem Tätigwerden **von Amts wegen** (vgl. das Bekannt-
wegen werden der Voraussetzungen für die Gewährung von Sozialhilfe – § 18 SGB XII).

Ermittlung des Der Sozialleistungsträger muss den Sachverhalt **von Amts wegen**
Sachverhalts ermitteln (§ 20 I S. 1 SGB X). Er kann sich dabei aller zulässigen Beweismittel bedienen (§ 21 SGB X).

Akten- Die Beteiligten haben ein Recht auf Einsicht in die das Verfahren
einsicht betreffenden **Akten,** soweit deren Kenntnis erforderlich ist, um die Ansprüche geltend zu machen bzw. ihre rechtlichen Interessen zu verteidigen (§ 25 SGB X).

Verwaltungs- Das Verwaltungsverfahren findet in der Regel seinen Abschluss durch
akt den Erlass eines **Verwaltungsaktes.** Dies ist nach der Definition des § 31 I S. 1 SGB X: „jede Verfügung, Entscheidung oder andere hoheitliche Maßnahme, die eine Behörde zur Regelung eines **Einzelfalles** auf dem Gebiet des öffentlichen Rechts trifft und die auf unmittelbare Rechtswirkung nach außen gerichtet ist."
Dabei hat der Sozialleistungsträger folgende Entscheidungsgrundsätze zu beachten:

Rechts- § 38 SGB I schreibt vor, dass auf Sozialleistungen im Sinne des § 11
anspruch auf SGB I ein **Rechtsanspruch** besteht, allerdings nur soweit nicht ein
Sozial- **Ermessensspielraum** gegeben ist (§ 38 SGB I).
leistungen Bei den so genannten gesetzlichen „**Mussvorschriften**" hat bei Vor-
Muss- liegen der gesetzlich normierten Voraussetzungen die Behörde keinen
vorschriften Entscheidungsspielraum und muss den Anspruch erfüllen (z. B. § 19 I S. 1 SGB XII).

Soll- Etwas anderes gilt bei den „**Sollvorschriften",** die zwar in der Regel
vorschriften ebenfalls kein Ermessen zulassen und wie „Mussvorschriften" zu behandeln sind, aber **unter besonderen Umständen** ein Abweichen von der Regel zulassen.

Kann- Ein gewisser Entscheidungsspielraum besteht bei den „**Kannvor-**
vorschriften **schriften".** Im Gesetzestext selbst muss, z. B. durch das Wort „kann", zum Ausdruck kommen, dass hier ein Ermessensspielraum besteht (vgl. § 53 I S. 2 SGB XII). In diesem Fall müssen die Sozialleistungsträger die Ausübung ihres Ermessens am Zweck der gesetzlichen Ermächtigung orientieren und darüber hinaus die gesetzlichen Grenzen des Ermessens einhalten (§ 39 I S. 1 SGB I).

Auf die **pflichtgemäße** Ausübung des Ermessens besteht ein Rechtsanspruch (§ 39 I S. 2 SGB I), insbesondere darauf, dass die Entscheidung wesentlich auf die Situation des Einzelfalls abgestellt wird (vgl. § 33 SGB I).

Pflichtgemäße Ermessensausübung

Die Ausübung des Ermessens muss der Regelung des Art. 3 GG entsprechen, wonach alle Menschen vor dem Gesetz gleich sind. Dies bedeutet, dass bei gleichliegenden Sachverhalten das Ermessen in gleicher Weise ausgeübt werden muss; etwas anderes gilt nur, wenn sachliche Gründe eine andere Bewertung verlangen.

Im Verwaltungsverfahren ist auch das Prinzip der **Angemessenheit** zu beachten; die Verhältnismäßigkeit einer Maßnahme, d. h. der Eingriff in die Rechtssphäre des Betroffenen muss erforderlich und zumutbar sein (vgl. § 65 I Nr. 1 SGB I).

Angemessenheit

Eine Mitwirkungspflicht des Betroffenen besteht nur dann, wenn ihre Erfüllung in einem **angemessenen Verhältnis** zu der in Anspruch genommenen Sozialleistung oder ihrer Erstattung steht. Das persönliche Erscheinen (§ 61 SGB I) kann z. B. nicht verlangt werden, wenn der Anspruchsberechtigte schwer körperbehindert ist und es sich um eine einmalige Beihilfe nach § 31 SGB XII von 150 EUR handelt.

Ein schriftlicher Verwaltungsakt muss eine so genannte **Rechtsbehelfsbelehrung** enthalten, d. h. der Beteiligte muss darüber informiert werden, in welcher Form, in welcher Frist und bei welcher Behörde er die **Nachprüfung** des Verwaltungsakts verlangen kann (§ 36 SGB X).

Rechtsbehelfsbelehrung

Für die **förmlichen Rechtsbehelfe** gelten je nach Rechtsweg die Vorschriften des **SGG** oder der **VwGO** (§ 62 SGB X). Vor der Anrufung des Gerichts sehen diese gesetzlichen Vorschriften ein so genanntes **Vorverfahren** vor. Dieses beginnt mit der Erhebung eines schriftlichen **Widerspruchs** (vgl. § 83 SGG), der binnen eines Monats nach Bekanntgabe des Verwaltungsaktes in der Regel bei der Behörde einzulegen ist, die den Verwaltungsakt erlassen hat (vgl. § 84 SGG).

Vorverfahren Widerspruch

Fall:

In einem Berufsbildungswerk betreuen Sie den 19-jährigen A, welcher seine Anerkennung als Schwerbehinderter beantragt hat. Eines Tages zeigt er Ihnen ein Schreiben der zuständigen Behörde, mit welchem der Antrag abgelehnt wird, da bei A nur ein Behinderungsgrad von 40 vorliege. Das Schreiben ist ihm vor sechs Wochen zugegangen. A ist der Meinung, dass die Einstufung von 40 nicht seiner tatsächlichen Behinderung entspricht.

Ein Arzt hat ihm gesagt, dass sein Grad der Behinderung mindestens 60 betrage. Er fragt Sie, was er hier tun kann.

Lösung:

Bei dem Schreiben der zuständigen Behörde handelt es sich um einen Verwaltungsakt. Aus der diesem Schreiben beigefügten Rechtsbehelfsbelehrung hätte A entnehmen können, dass der Widerspruch binnen eines Monats einzulegen ist (§ 84 SGG). Diese Frist ist abgelaufen, so dass der Bescheid der Behörde rechtskräftig geworden und nicht mehr anfechtbar ist.

Wenn der Widerspruch form- und fristgerecht eingelegt worden ist, muss die Behörde, die den Verwaltungsakt erlassen hat, ihre Entscheidung ändern, wenn sie den Widerspruch für begründet hält. Andernfalls muss die dafür zuständige, in der Regel die nächsthöhere Behörde über den Widerspruch entscheiden (vgl. § 85 SGG).

Widerspruchsbescheid
Klage

Auch dieser **Widerspruchsbescheid** muss eine **Rechtsmittelbelehrung** darüber enthalten, bei welchem Gericht und in welcher Form **Klage** erhoben werden kann (vgl. § 90 SGG). Die Klage ist innerhalb eines Monats nach Zustellung des Widerspruchsbescheides zu erheben (vgl. § 87 SGG). Entsprechende Regelungen enthält auch die VwGO.

Sozialgericht
Verwaltungsgericht

Für die Klagen sind entweder die **Sozialgerichte** oder die **Verwaltungsgerichte** zuständig. In die Zuständigkeit der Sozialgerichte fallen u. a. Streitigkeiten in Angelegenheiten der Grundsicherung für Arbeitsuchende, der Sozialversicherung, der Sozialhilfe und mit der Bundesagentur für Arbeit (vgl. § 51 SGG). Die Verwaltungsgerichte entscheiden u. a. Streitfälle im Bereich der Jugendhilfe.

Gegen die Urteile des Sozial- bzw. Verwaltungsgerichts ist – soweit gesetzlich zulässig – die **Berufung** zum Landessozialgericht bzw. Oberverwaltungsgericht möglich.

11.1 Weiterführende Literatur

Kopp/Schenke, Verwaltungsgerichtsordnung, 15. Auflage, München 2007
Maurer, Allgemeines Verwaltungsrecht, 17. Auflage, München 2009
Meyer-Ladewig/Keller/Leiterer, Sozialgerichtsgesetz, 9. Auflage, München 2008
von Wulffen, SGB X. Sozialverwaltungsverfahren und Sozialdatenschutz, 6. Auflage, München 2008

12. ÜBUNGSFRAGEN

1. Welche Teile des SGB sind bisher in das SGB eingearbeitet?
2. Wie sehen Sie die Aufgabenstellung des SGB?
3. Welche drei Leistungsbereiche umfasst die Verwirklichung sozialer Rechte?
4. Nennen Sie drei Leistungsträger!
5. Inwieweit ist der Leistungsberechtigte zur Mitwirkung verpflichtet?
6. Was bedeutet der Begriff „Subsidiarität" in Bezug auf die Sozialhilfe?
7. Ist die Sozialhilfe eine „Antragsleistung"?
8. Welche Aufgaben hat die Eingliederungshilfe nach dem SGB XII?
9. Welche Art von Behinderungen bei jungen Menschen sind der Jugendhilfe zugeordnet?
10. Was versteht das SGB VIII unter Förderung der Erziehung in der Familie?
11. Wer hat Anspruch auf Hilfe zur Erziehung?
12. Wie sieht die gesetzliche Regelung der Beteiligung an Entscheidungen des öffentlichen Trägers der Jugendhilfe aus?
13. Was ist ein Hilfeplan?
14. Wer ist an der Aufstellung und Fortschreibung eines Hilfeplanes beteiligt?
15. In welchem Bezug steht die Arbeitsförderung zur beruflichen Rehabilitation?
16. Handelt es sich bei den Leistungen nach dem SGB III um „Antragsleistungen"?
17. Wie wird der Begriff „Behinderte" im Rahmen der Arbeitsförderung definiert?
18. Welche Kassenarten der gesetzlichen Krankenversicherung kennen Sie?
19. Was verstehen Sie unter „Familienversicherung"?
20. Muss die gesetzliche Krankenkasse auch bei einem Arbeitsunfall leisten?
21. Wie finanziert sich die Rentenversicherung?
22. Sind Leistungen zur Rehabilitation auch eine Aufgabe der Rentenversicherung?
23. Wann liegt ein Arbeitsunfall vor?

24. Wer sind die wesentlichen Träger der gesetzlichen Unfallversicherung?
25. Sind Sie als Fachschüler in der gesetzlichen Unfallversicherung versichert?
26. Welche Zielsetzung hat das SGB IX?
27. Wie definiert das SGB IX den Behindertenbegriff?
28. Nennen Sie drei Rehabilitationsträger!
29. Hat der Leistungsberechtigte ein Mitspracherecht bei der Auswahl und Ausführung der Rehabilitationsleistungen?
30. Wer ist schwerbehindert im Sinne des SGB IX?
31. Gibt es einen besonderen Kündigungsschutz für schwerbehinderte Mitarbeiter und wie ist dieser gestaltet?
32. In welchen Bereichen werden Leistungen der sozialen Pflegeversicherung gewährt?
33. Für welche Pflegeeinrichtungen sind Heilerziehungspfleger als Pflegefachkräfte anerkannt?
34. Was versteht man unter einem Verwaltungsverfahren?
35. Wodurch unterscheiden sich Muss-, Soll- und Kannvorschriften?
36. Was ist ein Widerspruch gegen einen Verwaltungsakt?
37. Wie kann man gegen einen Widerspruchsbescheid vorgehen?

Sachregister

Der Autor

Gotthard Schneck, Diplom-Rechtspfleger (FH), war nach seiner
Tätigkeit bei verschiedenen Gerichten leitender Mitarbeiter eines
großen Trägers der freien Jugend- und Behindertenhilfe und viele
Jahre Dozent für das Fach „Rechtskunde" an zwei Fachschulen für
Heilerziehungspflege.